Ⓢ新潮新書

烏賀陽弘道
UGAYA Hiromichi

プロパガンダの見抜き方

1079

新潮社

プロパガンダの見抜き方●目次

序　章　なぜ見抜く技術が必要なのか

1　プロパガンダ・リテラシーの勧め

新人時代の苦い思い出

私はマス・コミュニケーション論や情報論の研究者ではない。一介のフリーランスの報道記者にすぎない。その私がなぜプロパガンダの見抜き方について本を書くのか。それは、報道という仕事には「プロパガンダとの戦い」という要素があるからだ。

これは別に「政府のプロパガンダと戦い、真実を人々に伝えウンヌン」とかドラマチックな話ではない。

1986年に大学を出て朝日新聞社に就職した私が、着任して真っ先に上司や先輩から教えられたことの一つが「企業や役所の宣伝に紙面を使うな」つまり「プロパガンダに紙面を使わせないよう、見分けられるようになれ」だった。

私が新米の記者として赴任したのは、人口14万人ののんびりした三重県の県庁所在地・津市だった。そんな小さな街でも、県庁から市役所から、企業から市民から「取材して載せてくれ」という「お知らせ」が毎日毎日「山」になって来る。当時は郵便かファクスだったので、文字通り机の上に毎日山ができた。

今では「プレスリリース」という。それを開封して目を通し「新製品Xを発売」のような「宣伝」リリースを捨てる。それが新人記者として最初の仕事だった。

もちろん、中には紙面に載せるべき情報も入っている。そのため中身を見ないで捨てるわけにもいかない。全部開封してチェックしなくてはならない。

ある日、津市の隣の小さな町役場から「農業用水が完成し町長が視察します」という「お知らせ」が来た。その町の行政は私の担当だった。指定の時間に現場に行ってみた。記者になって1ヶ月目ぐらいだったと思う。

農業用水をまたぐ橋の上、右側に町長と役場の職員が地図を広げて立っている。反対の左側に住民（農業者）たちが集まって、町長たちと話していた。新米で何もわからない私は「エライ人が写っているのがいいのかな」と町長が職員にあれこれ指示を出す姿を写真に撮って支局に帰った。

記事を書いて写真と一緒に提出するやいなや、Hデスクに「これじゃだめだ」と一喝された。

「ウガヤ君、この写真は逆だ」

「なんでですか」

「行政はな、住民のためにあるんだ。新聞では、いつも住民が主人公なんだ。だから『町民の話を聞く町長』じゃなくて『農業用水について要望を町長に話す住民』の写真を撮るんだ」

私は真っ青になり、住民側を撮ったコマがないか探した。が、ない。当時の私は「写真を撮影する方向で、記事の性格が真逆になる」ことに思いが至らなかった（後述するが「フレーミング」という）。

40歳代、熟練した記者でもあるHデスクは「しょうがねえなあ」と呆れている。私のその不出来な記事は、地方版の隅っこに写真つきで載った。本当は落第点の写真とともに。「たいした記事じゃない」と思われたのか「新米だからしょうがない」と思われたのか、今となってはわからない。載って嬉しいどころか、零点の答案を掲示板に貼り出されるようで、実に実に恥ずかしかった。

宣伝に使われてはいけない

今でも、その記事は私のスクラップブックに貼ってあり、時折見返す。38年を経て、切り抜いた新聞紙はわら草のように変色している。が、私にとっては、記者としての一生ものの重要な教訓を教わった大切な記事だ。その教訓とは——

①政府・県庁・役場や企業は、常に新聞・テレビなどマスメディアを自己の宣伝に使いたいと思っている。

②発信側はこう思っている。広告という掲載手段では、効果が薄い。情報を受け取る側は「広告なのだから、どうせ自分で自分を良いように見せようとしているに決まっている」と考えるからだ。

③ゆえにマスメディアが掲載に値すると認めた「ニュース」になって初めて、読者は価値を認める。宣伝効果を発揮する。

④だから記者や編集者などマスメディア側の人間は、常に情報が「掲載に値するか」を判断する力を磨かなくてはならない。

⑤その判断では、役所や企業の利益ではなく、読者（そこには有権者、納税者、消費者など様々な性格が含まれる）の利益になるかどうかを第一に考える。役所や企業の利益は優先順位が下でなければならない。

これが、新米記者の私が受けたレッスン・ワンだった。そのころはまだ、朝日新聞社の地方支局にも、ジャーナリズムの原則がちゃんと機能していた。そしてそれを、大学を出たばかりの新米記者に丁寧に教えるだけの教育機能があった。

今振り返ると、この「プレスリリース」や「売り込み」こそが「プロパガンダ」だったことに気づく。警察や官庁の場合は「発表」と言う。

私が教わったことをもう少し付け加えておく。

⑥売り込みや発表を書いているだけでは「ニュース」を書いていることにはならない。

⑦ゆえに、発表を受動的に待っているだけの記者はダメだ。本当のニュースは能動的

に自分から探すものだ。

⑧つまり「報道」が伝えるものは「反プロパガンダ」でなくてもよい。が、少なくとも「非プロパガンダ」でなければならない。

とりあえずここで「プロパガンダ」の定義をしておこう。

「とりあえず」と書いたのは、本書全体が「プロパガンダとは何か」という問いへの答えになっているからだ。従って、読み終えてもらえれば、かなり精度の高い「プロパガンダとは何か」への答えが読者の中に出来ていることは保証する。

この先を読むうえでは、いったん「プロパガンダとは何か」について大まかなイメージを持っていただいた方がわかりやすい。「とりあえずの定義」を書いておく。

・プロパガンダとは、発信者が多数の受信者に向けて、明確な意図・目的を持って発信する情報を指す。
・伝達手段にはマスメディアが用いられる。
・その意図・目的とは「情報の受け手の思考や感情、行動を発信者にとって好ましいように誘導・変更する」ことである。
・その意図・目的は表面からは隠されていることが多い。
・従って、その意図・目的を知らないままに情報を受け取り、処理をすると、自覚しないうちに、発信者の思うように思考や行動を誘導される可能性がある。
・発信者は政府・企業が主であるが、SNSの普及した今日では個人であることが増えた。

さらに詳しくは本書中で論じる。現段階ではこのくらいの前提で読み進めてもらって結構だ。

プロパガンダからは逃げられない

冒頭の新人記者時代の話から40年近くの歳月が流れても、私はまだ毎日プロパガンダと接し、必要なものを得て、不要なものを捨てるという作業を繰り返している。

日刊紙→週刊誌→月刊誌→書籍→インターネットと書く媒体は劇的に変化した。三重→名古屋→東京→ニューヨークと働く舞台も大きくなっていった。

取材対象が大きくなると、企業や官庁の取材は、広報部という取材対応専門の「組織」が受け持つようになった。マスコミへの売り込みを専門とするPR会社や、電通や博報堂といった広告代理店が介在することもある。俳優や映画、アイドル、ミュージシャン、新曲、小説の売り込みも、映画の配給会社やレコード会社、出版社から来る。「売り込み」「発表」が組織化され、手法は高度化し、競争は熾烈になった。

話は横道に逸れるが、実は、これに応対するマスコミ側の組織の代表が「記者クラブ」なのだ。企業や官庁の「プロパガンダ（発表・売り込み）を受けるマスコミ側窓口」とでも言えばいいだろうか。

持ち込まれたプロパガンダをどの程度の比率で記事に反映するかは、マスコミ側の組織文化や記者個人の資質によって大きく変わる。プレスリリースそのままのような記事（「パブ記事」と揶揄される）を書く記者もいれば、そうしたリリースには見向きもせず「独自ダネ」を追いかける人もいる（日本の記者クラブ制度はまた別の大きな社会問題なのだが、本書では深入りしない）。

新聞社を辞めてフリーランスになっても「発表」「売り込み」からは逃れられない。郵便で来る。メールで来る。SNSで来る。Facebook やX（旧 Twitter）、Instagram

といったＳＮＳは個人が発信者なので「個人発信のプロパガンダ」という新しい現象が現れた（本文中で詳しく述べる）。

街に出ればどうだろう。地下鉄の車内、駅の壁、ビルの屋上と、私が住む東京はあらゆる空間が広告で埋まっている。カラフルなコンビニやファミレス、カフェチェーンは、店舗そのものが広告媒体でもある。

スマホを開けば、ニュース一つ読もうにも、広告広告また広告。画面を間違えてスワイプすると、延々と広告に引きずり込まれる。リアル空間にせよネット空間にせよ、２０２４年現在、私たちは「プロパガンダ空間で生活している」とさえ言える。

ここで教訓を追加しておく。

⑨現代社会に生きる限り、プロパガンダを避けることはできない。

⑩ならば情報の受信者である市民も、プロパガンダに乗せられないリテラシーを身につけた方が良い。

私のような記者だと、毎日「これはプロパガンダ」「これは違う」という選別を40年近く繰り返しているうちに、プロパガンダには一定の特徴があり、それさえ知っていればば見分けがつくことがわかってきた。

ベテランのニワトリ業者は、ヒヨコに触れた瞬間にオスメスがわかるのだそうだ。「初生ひな鑑別師」という特殊技術者が存在する。99・5%の精度でオスメスを当てるという。鳥類学者でなくても「特徴」を知っていれば、ヒヨコのオスメスがわかる。私も「情報の流通業者」として働くうちに、プロパガンダか否かわかるようになった。

ところが、X（旧Twitter）などインターネットで一般読者のプロパガンダへの反応を見ていると、みなさん案外たやすくコロリと騙されている。「こんな露骨なプロパガンダに、なぜ?」と不思議だった。が、考えてみると、私のようにヒヨコ、いや、情報を毎日選別する特殊業務に就いている者は稀なのだ。

フェイクとは限らない

インターネット、特にSNSとスマホが普及した2010年代以降、私たちは毎日プロパガンダの洪水に巻き込まれている。その効果を強烈に印象付ける事件があったのが、2024年11月の兵庫県知事選挙だ。いくつかの疑惑で県議会から不信任決議され、辞職に追い込まれた斎藤元彦知事は、当初、再選は絶望的と思われたが、ＳＮＳで「実は斎藤氏は被害者」「悪いのは既得権者たち」といった情報が拡散され、奇跡的な返り咲き当選を果たした。ところが、その斎藤陣営のＳＮＳを「運営」していたと称する（知事側は否定）ＰＲ会社社長がブログで、選挙戦での自社のＳＮＳ運用などの「作戦」を詳細に公開し、公職選挙法違反容疑で刑事告発されるというオマケまでついた。隠密と保秘が鉄則のＰＲ業界では、異例中の異例の展開だ。

「スマホ＋ＳＮＳが情報伝達のメインツール」という生活形態は、今後程度が高まりこそすれ、衰えることはない。逃げ場はない。諦めていただきたい。

ならば、私が報道という情報取扱業の経験で覚えたノウハウをシェアして、プロパガンダか否かの区別ができるようになってほしい。それが本書に込めた私の願いだ。念のため。プロパガンダが流れてきたとき、その内容に同意するかしないかの判断に、私は一切関与しない。それは読者のみなさん、情報の受け手であるみなさん一人ひとりが決めることだ。

その大前提として「この情報はプロパガンダか否か」をあらかじめ区別できる、というメディア・リテラシーを持っていることが肝要なのだ。

①私の経験の一部を読者とシェアする、②それによって読者の「プロパガンダ・リテラシー」を涵養する助けになる。それが本書の目的である。

なお「プロパガンダ」と「フェイクニュース」を混同している方が多いので、一言。両者は一部重なるものの、まったく別物である。

プロパガンダは必ずしも「嘘」ではない。いやむしろ100%フェイクの情報は信用されず、プロパガンダとしては効力を持たない。「少しの事実に多量のフェイクが混ぜてある」のがよい。

最初に触れた「町長の視察」を思い出してほしい。町長が農業用水の視察に出向いたことは事実だ。その情報を本当に必要とする人もいるかもしれない。

だから、われわれ情報の受け手側は「プロパガンダはすべて拒絶する」必要まではない。しかし、少なくとも「その情報を流す側には何らかの思惑がある」という「疑う習慣」（英語では『クエスチョニング』という）を常に持つ必要があるのだ。

町長は本当に農業用水を視察せねばという気持ちがあったのかもしれない。しかし、悪いシナリオを考えるなら、自身にかけられている嫌疑から目をそらすために、記者に別のネタを提供しようとしたのかもしれない。県からもらった予算をちゃんと使っているアピールをして、来年も予算をカットされないようにしたかったのかもしれない。

マスメディアに流れてくる情報には常にそうした「意図」「狙い」がある。それは字面からは見えない。こうした表面からは見えない、隠された意図や目的を「思惑」と呼ぼう。少なくとも、そうした「思惑」の存在を前提にしてニュースは見る必要がある。できればそれを見抜きたい。そのために求められるのが「プロパガンダ・リテラシー」である（念のために言っておけば、この町長にはそんな大げさな思惑はなかったと思う）。

もう少し皆さんに身近な例で、「思惑」が明らかなものを次に見てみよう。

2　効果的なプロパガンダは「物語」を持っている

五輪をめぐる美談

顕著なプロパガンダの例をあげる。オリンピック（五輪）である。

五輪が元々、その開催国や都市のプロパガンダ性の高い行事であることは言を俟たない。ホスト国・都市の行政組織や経済力を結集させる行事であるだけではない。

世界の一流運動選手がホスト都市に集まり、その成績を報道するために世界のマスコミが集まる。そして「選手の努力とその結果としての勝敗や記録」というマスメディアコンテンツとして絶好の「物語」が大量に生み出される。それが世界に発信される。つまり五輪は単なるスポーツ競技会ではない。「国」「都市」そのものを世界に宣伝するプロパガンダ・イベントでもある。それだけに政治・商業プロパガンダが大量に飛び交う舞台になる。

そうしたプロパガンダの一環として生まれた「物語」の例を見てみる。次の例は、政治プロパガンダ大国である中国で２００８年に開かれた「北京五輪」に先立つ新聞記事である。

聖火はすべてを超え

「あの日」から携帯電話の待ち受け画面を何千回見つめただろうか。中国・四川大地震が起きた5月12日以来、四川省綿陽市の中学教師、苟義国《こうぎこく》さん（33）はそれを繰り返す。画面には地震で行方不明の長男禹川《うせん》ちゃん（3）の笑顔がある。

この書き出しのあとに紹介される「物語」は以下のようなものだ。大地震によって、禹川ちゃんの通っていた幼稚園の園児約４００人は土砂に流された。父親の苟さんは妹家族３人も地震で失ったという。また、勤務先の中学校でも多数の同僚、生徒が犠牲になった。

そんな苟さんを「大きな任務が待つ」と記事は続ける。四川省内を走る北京五輪の聖火リレー走者に選ばれているからだ、というのだ。そして、以下のように述べる。

「復興五輪」。北京五輪は今、中国メディアでこう呼ばれる。風向きの変化を感じたのか、五輪開会式ボイコットを辞さずとしていたサルコジ仏大統領も参加を表明した。

そんなうねりが今、苟さんを奮い立たせる。聖火リレーで担当する区間はほんのわずかだが、恥ずかしい走りはできない。携帯電話をポケットに入れ、練習を再開した。

「犠牲者・被災者のためにしっかりした走りを見せたい。聖火リレーは五輪だけのものではないと思うから」。（２００８年7月16日付毎日新聞朝刊。一部略）

この記事の背景を説明しておこう。

北京五輪は2008年8月に開催された。19世紀半ば以来、欧米日に半植民地化され、経済発展でも後塵《こうじん》を拝した中国が「先進国」「大国」として国際社会にカムバックする。中国政府にとっては「150年来の悲願の達成」ともいえる国威がかかった歴史的行事である。

ところがその同じ年の3月、中国チベット自治区ラサで、僧侶によるデモが発生。中国当局のチベットでの人権弾圧に国際的な非難が集中していた。フランスなどボイコットに言及する国が出始めた。中国政府の威信がぐらついた。

が、5月12日に、中国・四川大地震が発生。国際社会の空気が一変した。ボイコットの声は、震災の悲劇を報道するニュースにかき消えた。その時に、中国当局とマスメディアが使った言葉が、四川大地震からの「復興五輪」だった。毎日新聞が、その名称を特に疑問を持たずに用いている点に注目してほしい。

一方、2020年の東京五輪。日本政府が東京五輪を「復興五輪」と呼ぶと閣議決定したのは2015年である。ところが、その名称には7年前に先例があった。それが北京五輪だったわけだ。一字一句同じである。

北京五輪から13年後の2021年（コロナ流行で2020年から1年延期された）に、今度は東京五輪が開かれる。

2011年3月11日の東日本大震災の地震・津波だけではなく、福島第一原発事故の被害地である南相馬市出身の聖火ランナーの記事を、2021年3月26日付読売新聞朝刊から見てみよう。前の北京五輪の記事と比較してほしい。

児童へ　守れなくてごめん　元校長　5人への思い胸に

一歩一歩確かめるように福島県いわき市を走った泉田淳さん（61）。その胸の奥には、東日本大震災から10年が経過しても、消えぬ悲しみがあった。

この書き出しで始まる記事で紹介される「物語」はこうだ。震災当時、泉田さんは地元の小学校で教頭を務めていた。教え子の児童4人が津波で死亡、1人が行方不明となった。彼らを救えなかったことを日々悔いている。そんな彼が聖火ランナーに指名された。教え子に「夢を持って生きる大切さを伝えたい」と思ったそうだ。本番当日は、5

人の名前を書いた手帳の写真をポケットに入れて走った。記事は次の様に締めくくられる。

「震災で亡くなった子供らと走っているつもりでした。避難生活を送る双葉町の子供たちにも、夢を持って生きていれば良いことがあることが伝わったと思う」。走り終えると、静かにそう語った。

まずここでお断りしておくが、私に聖火ランナーである荀さんや泉田さんの思いや行動を疑う気持ちはない。本当に身近な犠牲者を悼むために、純粋な気持ちで聖火ランナーを務めたのだろう。また、記事を読んで素直に感動する読者がいてもいいと思う。そして、彼らがこうした気持ちをもとに聖火ランナーとして走ったというのは「ファクト」である。フェイクではない。

しかし一方で、これらの記事は五輪主催者のプロパガンダをそのまま垂れ流したものだという見方が可能である。それはどのようなものか、以下見ていこう。

まず、誰もが気づくのは、二つのニュース記事が、驚くほど似た物語構造を持っている点だ。

①聖火ランナーはどちらも災害の被害者。
②亡くなったのはどちらも子ども。
③聖火ランナーが走るのは「亡くなった子ども」のため（鎮魂、供養、謝罪、罪悪感の払拭など）である。
④聖火リレーを走ることは③の精神活動を身体で表現する行為である。
⑤聖火ランナーの達成が、オリンピック全体の成功とイコールで結ばれている。

美談の効果

こうした物語がマスメディアに流れるとどんな作用を持つか、分析してみよう。

【前提】地震や津波で小さな子どもが犠牲になるのは痛ましい。「議論や意見が分かれる」議題ではない。
【効果】「子どもの犠牲を悼む」点で社会のコンセンサスが得られる。

↓そうした幼い犠牲者を悼む人物を聖火ランナーに指名すると「聖火リレーを走る」行為が「亡くなった子どものための行為」に転換する。

↓聖火ランナーが任務を達成することが、五輪全体の成功と等価であるかのように社会に提示される。

↓幼い子どもの犠牲を悼むことに反駁《はんばく》がしづらいように、五輪の開催や成功にも反駁がしづらくなる。


北京・東京五輪どちらのランナーも、福島県や中国共産党・地方組織からの指名だという事実は重要である。泉田さんは「職場を通じて県から依頼があったので応募した」旨を私の取材に対して話してくれた。つまりどちらも「政府」側が聖火ランナーを主人公（キャラクター）とする「物語」を用意した、というのが現実だ。

政府が「子どもの犠牲を悼む親・教師」を配役（キャスティングと広告用語でいう）した。それによって社会の認識を政府に有利な方向に誘導した。そんな背景が見て取れる。これは政治プロパガンダの定義に当てはまる。

蛇足だが、そもそも聖火リレーは五輪にはなかった。最初に始めたのはナチス・ドイツ、1936年のベルリン大会である。五輪発祥の地・ギリシャからトーチがリレーされベルリンに到着、聖火台に点火したあと、ヒトラーが開会を宣言した。

当時政権にあったナチスが、その統治の成功を世界に宣伝するイベントとして五輪を利用した。ナチスのユダヤ人迫害政策を問題視したアメリカなどが大会をボイコットする構えを見せるなか、ナチスは五輪期間中だけ人種差別政策を緩めた。ボイコットは収まり、政権獲得4年目のナチスは、その統治の成功と、人種的寛容を世界に宣伝した。ゆえに聖火リレーはそもそもの出自からして「プロパガンダ・イベント」である。

非難の沈静化

なぜ中国政府や日本政府はそんな認識形成をする必要があったのか（注：「世論操作」「印象操作」という日本語にはネガティブな語感がついてまわる。英語ではこうした動作を指して「認識形成〈Perception Shaping〉」という中立的な言い方がある。本書ではこれを使う）。

北京五輪開催前、チベットでの人権抑圧で、中国政府は「加害者」として国際的な非難を浴びていた。が、四川地震の被害者をマスメディアに登場させることで「加害者」

としての国際社会の認識は「被害者」に転換された。「被害者」を非難するのは難しい。こうしてチベット人権問題の国際社会からの非難を沈静化することに成功した。

東京五輪は、新型コロナウイルス感染症が大流行するさなかのイベントだった。そんな中、福島第一原発事故で人口の95%が消えゴーストタウン化した被災12市町村を「復興五輪」と銘打った五輪ランナーが走る。

そもそも五輪を開く意味があるのか。まだ傷の癒えない原発事故被害地に「復興五輪」の聖火ランナーを走らせる意味はあるのか。その是非をめぐって世論が二つに割れ、議論が沸騰していた。

東京五輪のケースで注意してほしいのは、原発事故被害地であるにもかかわらず、政府が用意した物語から「福島第一原発事故」がすっぽり抜け落ちている点だ。津波の犠牲になった子どもを悼むランナーを配することで、地震・津波・原発事故という3重の被災のうち、原発事故は省かれ、地震・津波だけに認識が上書きされる。

地震・津波といった自然災害は責任を取る主体がいない。しかし原発事故は、原発の施設所有者である東京電力と、その監督権限者である日本政府という責任を取る主体がある。そして日本政府は今も原子力発電を国のエネルギー源の一つとして重要視している。事故を思い出させるのは、プロパガンダの主体である政府には好ましくない。「津波被害者」を聖火ランナーに立てると、政府と東電の責任や、原発事故そのものの認識が薄らぐ。「地震・津波・原発事故の被害地」である福島県・太平洋沿岸部が「五輪ランナーが走った場所」という認識で上書きされてしまうのである。

ここで学び得る教訓は「効果的なプロパガンダは物語を持っている」ことだ。裏返していうと、こんな定石があるということだ。

◆定石1　プロパガンダを効果的にするには物語性を持たせよ。

ヒトは物語を求める

なぜ物語が有効なのか。それを古典的な心理学実験「ハイダー・ジンメル動画実験」は説明してくれる。ドイツから亡命した心理学者フリッツ・ハイダーと助手のマリアンヌ・ジンメルが、1944年にアメリカで行った実験である。

二人は、段ボールを切って、1分ほどの簡素なアニメーション動画を作った。モノクロで、音声もない。「小さな三角形」と「大きな三角形」と「小さな丸」が、長方形の

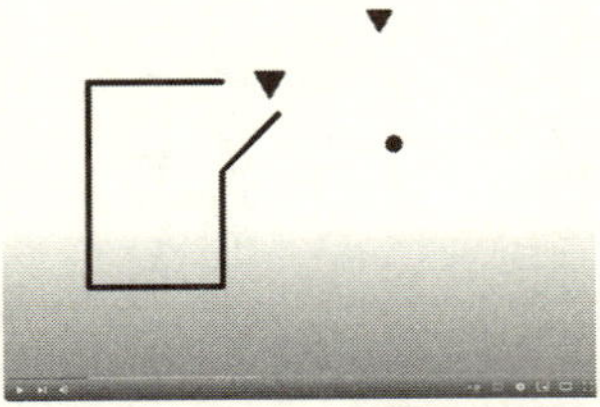

ハイダーとジンメルが実験に用いたアニメより

周りを動き回る。長方形の一辺は閉じたり開いたりする。図形はそこを出たり入ったりする。最後に「小さな三角形」と「小さな丸」は画面の外へ消え、残った「大きな三角形」は長方形に何度もぶつかって、壊してしまう（Heider and Simmel Animation, 1944）。この動画はYouTubeで公開されているので検索されたい。

二人はこのアニメーションを見た114人の被験者に「何を見たか」を述べてもらった。その解釈は、ほぼ全員（97%）に同じ特徴が表れた。

彼らは単なる図形の動きから「この動画は『物語』である」と考えたのだ。三つの図形は「争っている人間」で、丸が女性、三角が男性を示している、大きな三角が悪玉、小さな三角と丸が善玉だ、等々。

ここから先の細部には人によってバリエーションが出た。男女の恋の三角関係。家庭内暴力。善良な居住者を困らせる、小さな侵入者たち。魔女が二人の子どもをさらおうとしている、という解釈もあった。

しかし、この動画に出てくるのは丸、三角形、直線、長方形という記号にすぎない。記号にも動きにも、意味は何も与えられていない。にもかかわらず、見た人はそこに「物語」を読み取る。

このハイダー・ジンメル動画は、現在でも社会心理学やビジネスの教材としてあちこちの学校やセミナーで上映され、その解釈が出される。

アメリカの英文学者ジョナサン・ゴットシャルは、実験を繰り返して数千人のサンプルを取るうちに、その「物語」の細部がバリエーションに富んでいることに気づいた。ゴットシャルは「（人間は）心も体験もそれぞれ違うため、同じ物語を見ることは絶対にない」と書いている。

「（この解釈の多種多様さは）私たちが物語を体験しているのではなく、実は止めようのない一連の脳の反射作用によって物語を創作している」

そして、こうした人類の特徴を〝物語を語る動物（Story Telling Animal）〟と呼んでいる。物語をつくる本能こそが、人間を他の動物と分けている特徴だというのだ。

「現実に直面したとき、人間は本能的に物語を作り、物語構造によって現実を理解しようとする」（"The Story Telling Animal ~How Stories Make Us Human" Mariner Books 2012より筆

者訳）

なぜか。現実は常に複雑・曖昧で、無秩序である。ゆえに理解が難しい。ところが、人間は理解できない現実に不安や恐怖を感じる。そこで、そこに「物語」を創作して投影し、意味や秩序を与える。そうすることで不安を消し、心理的に安定する（『ストーリーが世界を滅ぼす――物語があなたの脳を操作する』月谷真紀訳・東洋経済新報社）。

物語の成立要件

この説をもとにプロパガンダにおける「物語」の効能を整理すると、こうなる。

・複雑で曖昧な現実に説明をつける。
・その説明に多数が納得できる。
・そんな物語を持った情報はプロパガンダとして効果が高い。

それでは「物語が物語として成立する要件」とは何だろう。雑駁《ざっぱく》にまとめると次のようになる。

①登場人物・動物（キャラクター、役）がいる。
②行動（アクション）＝キャラクターが行動を起こす。
③言葉（独白、会話など）＝キャラクターが言葉を語る。
④空間（舞台、場所など）＝特定の場所が舞台になっている。
⑤時間（日時、夜昼夕方、季節、時代など）＝特定の日時や季節が設定されている。
⑥動機・理由・目的＝キャラクターの行動には目的や理由がある。
⑦方法・順序・次第＝キャラクターの行動の方法が説明される。

これは報道記事を構成する6要素としてよく引き合いに出される「5W1H」と同じである。①はWHO＝誰、②③はWHAT＝何を、④はWHERE＝どこで、⑤はWHEN＝いつ、⑥はWHY＝なぜ、⑦はHOW＝どのように、にあたる。

「現実を伝える報道記事には、5W1Hが必ず記述されていないといけない」。これは報道のイロハのイである。なぜなら、報道は現実の記録であると同時に、読者に対して「わかりやすく」なければならないからだ。前述のように「わかりにくい」現実に人間は不安を抱く。フラストレーションを感じる。その読者のイライラを回避するためにも、5W1Hは必ず記述されていなければならない。

別に難しい話ではない。報道（ノンフィクション）であれフィクションであれ、読む人が納得する、不安やイライラを感じない物語の構成要素には大差がない。それだけのことにすぎない。

実は、日本語でいう「ニュース」のことを、英語では"News Story"（ニュース・ストーリー）という。本来"Story"という英語には報道もフィクションも両方が含まれる。「物語」の一ジャンルが「報道」とさえ言えるのだ。

反対に、演劇、ドラマ、小説、映画などのフィクションにリアリティを持たせたければ、この5W1Hを精緻に書いていけばよい。

北京と東京、二つの五輪をめぐる記事も、これらの要件をきちんと満たしている。だから物語として立派に成立し、機能したというわけである。

3 ゆるキャラとグレタさんは強力なツールとして機能している

ゆるキャラという発明

ここまではなにやら学問的で難しい話に思えるのだが、近年、日本では行政が物語型プロパガンダの新たなツールを駆使するのが大流行である。

それは「ゆるキャラ」だ。ゆるキャラとは「ゆるいマスコットキャラクター」のことだ。2000年に漫画家のみうらじゅん氏が「ゆるキャラ」という名称を考案した。地域おこしや名産品の紹介、イベントや各種キャンペーンなど地域全般のPRに使われる。特に地域のPRを目的としたものは「ご当地キャラ」と呼ぶ。

「ご当地キャラ」は、その地域の知名そのものや特産・名産品を宣伝したり、観光客を誘致したりする役割がある。つまり最初から「商業プロパガンダ」（広告）のために生み出された「広告キャラクター」である。

全国的なブームになったのは、2007年に「国宝・彦根城築城400年祭」のイメージキャラクターとして「ひこにゃん」が登場した前後からだ。

「現代日本でもっとも成功したプロパガンダ・キャラクターは何か」と問うなら、答えは間違いなく「ゆるキャラ」である。

「ご当地キャラ」認知度トップ5は以下のとおりだ。

「1　くまモン（熊本県）93％　2　ふなっしー（千葉県船橋市）91％　3　ひこにゃん（滋賀県彦根市）73％　4　せんとくん（奈良県）72％　5　ぐんまちゃん（群馬県）44％」（日本リサーチセンター『第8回　NRC全国キャラクター調査』より。2021年実施。ご当地キャラクター17種・企業キャラクター14種の認知度と好感度について、全国の15～79歳男女1200人回答）

取材するマスコミ側の立場で言うなら「ゆるキャラ」が登場するまで、都道府県・市町村といういわゆる「地方自治体」「地方行政」ネタは「無味乾燥」で「面白くない」かつ「没個性」な取材対象だった。

「首長（知事や市町村長）が自治体の顔」とはいうものの、多くは普通の日本人のおじさん・おばさんである。服装も地味で固いスーツ姿が多い。ミもフタもなく言ってしまえば「退屈で味気ないネタの筆頭格」が「地方行政」だった。

特にテレビにとって地方行政は「絵にならない」難物だった。無味乾燥な役所や議場を舞台に、儀礼的・形式的な会見・発言や、首長や議員との質疑応答が行われる。記者会見でも、記者クラブと事前に質疑応答のすり合わせをすることが日常化している。

首長や官僚の話す言葉は官僚用語や行政用語が多用され、庶民の言語感覚からはほど遠い。視覚的にも退屈だ。役所や議場は灰色の壁に蛍光灯がともり、青白く、冷たい印象を与える。色彩がない。アクションや抑揚に乏しい。「無難」「無味乾燥」「無個性」。「ゆるキャラ」は、こうした「地方行政」が持つネガティブな性質をすべて反転させて作ってある。そもそも「ゆるい」とは「大ざっぱである」「厳しさがない」という意味だ。そこからまず、完璧主義的な「役所」のイメージと正反対である。役所↕ゆるキャラの対比をしてみる。


「完璧主義↕いい加減。適当」

「堅苦しい↕やわらかい」

「官僚的。冷淡。無愛想↕人なつこい。フレンドリー」

「成人男子支配的↕子どもっぽい。または若い女性（ご当地キャラがアニメ風美少女の場合も多い）」

「ユーモアに欠ける↕ひょうきん」

「絵にならない↕絵になる」


左様。見事なまでに正反対になっていることがわかる。

もう一つの特徴は、観光客や地元産品の購買者など消費者側が、ゆるキャラを「広告キャラクター」だと承知のうえで楽しんでいることだ。熊本県に行っても本物のクマが通りを歩いているわけではないし、彦根市に行ってもネコが駅で出迎えてくれるわけでもない。くまモンやひこにゃんの着ぐるみは観光地にいるが、中身は人間である。

・あくまで架空のキャラクターである
・地方行政が宣伝のために作ったものだ
・その「ご当地」の広告宣伝のために活動している

これらを承知のうえで、消費者はゆるキャラを楽しむ。その「楽しむ」という行為そのものが消費行動になっている。だからグッズが土産物として成立している。

もともと「絵にならない＝動画ニュースになりにくい」地方行政の特質を反転させたのがゆるキャラだから、動画コンテンツの素材としては最高である。かわいらしいクマやネコ（ふなっしーに至っては動物ですらない）の着ぐるみがドタバタとコミカルに動き回る様は、テレビやネットメディアといった動画メディアにとって、最高の「主演俳優」（メイン・キャラクター）である。

今日、東京のスーパーに行けば、熊本県産のトマト、キュウリ、ナス、スイカなどに、ことごとく「くまモン」のステッカーが貼られている。あの赤いほっぺの黒いクマを見ると、文字を読まなくても熊本県産品であることが容易に視認できる。くまモンのファンなら、熊本県に行ったことがなくても、他県産キュウリより熊本産キュウリを買うだろう。

熊本県知事や彦根市長の名前を即答できる人は稀だ。しかし「くまモン」や「ひこにゃん」は7~9割が知っている。知事や市長より、ゆるキャラのほうが有名なのだ。「くまモン」＝「熊本」、「ふなっしー」＝「船橋＋ナシ」、「ひこにゃん」＝「彦根＋ネコ」とキャラクターとその地元が簡単に認識できるネーミングになっているのもミソだ。熊本県や彦根市、船橋市という名前だけでは、そこに個性のある「差異」はない。ところがクマやネコ、ナシとキャラクターを与えた瞬間、個性と差異が発生する。そんな仕掛けになっている。

こうして無個性だった地方自治体を「他と区別して」「認知させる」という点だけとっても、ゆるキャラはプロパガンダ・キャラクターとして大成功なのだ。

経済効果もバカにできない。年1回開かれるご当地キャラの人気投票「ゆるキャラグランプリ」で優勝すると、知名度が上がり、経済効果が大きくなった。「くまモン」が優勝した翌年の2012年、熊本県への経済波及効果は504億円（日銀熊本支店調べ）にも上った。2014年グランプリの群馬県の「ぐんまちゃん」は2ヶ年で33億円だった。プラス、優勝で在京テレビ局への露出が増えて、広告宣伝効果は31億3400万円。合計64億円余りである（群馬経済研究所）。

こうした無個性な組織や地域、商品に「キャラクター」を与えることを「擬人化」(Personalization）という。本来は「人間以外のものを人物として、人間の性質・特徴を与える比喩の方法」の意味だ。

もともと英語の character の原義には「演劇や小説などフィクションの『役』『登場人物』」の意味のほか「個性」「特徴」という意味がある。

中立的な例で言えば「死」を「鎌を持った骸骨」＝「死神」として描くのは「擬人化」である。フランスやアメリカには、自由と民主主義、革命の擬人化として「自由の女神」がある。19世紀の革命・統一期のドイツには、ドイツ国家・民族を擬人化した女神「ゲルマニア」が国威発揚に頻繁に使われた。後二者は政治プロパガンダに多用された。

自由の女神がアメリカやフランス、ゲルマニアがドイツの擬人化であったように、くまモンは熊本県、ひこにゃんは彦根市、ふなっしーは船橋市の擬人化（動物・果物だが）である。

「くまモン」にせよ「ひこにゃん」にせよ、前述した物語の構成要素である①「登場人物」を決めてしまえば、残りは空白のまま残しておいてよい。「地元の名所や名産品を有名にして、観光客を増やし、地元に経済的利益をもたらす」という彼らのミッション⑥は決まっている。残りはＰＲ会社や広告代理店、テレビ局が考えてくれる。

愛らしいくまモン（の着ぐるみ）がバラエティ番組やYouTubeで、神社の丘を駆け上がっては転げ落ちる、温泉で滑って転ぶなど、奮闘努力すれば、それだけで「物語」が発生する。「主人公」が決まってしまえば、物語の残りの部分はマスメディアが勝手に作ってくれる。

この段階でくまモンは「擬人化」よりさらに進んで「物語の主人公」（メイン・キャラクター）になっている。これを〝Characterization〟（キャラクター化）という。「ゆるキャラ」＝ゆるいキャラクターという名称は、なかなか正確なのだ。

キャラクターの強さは物語の魅力に直結する

「ゆるキャラ」について延々と述べてきたのは「くまモンの背後に巨大な陰謀がある」と言いたいのではない。前述の通り、ゆるキャラそのものは「思惑」を受け手も理解したうえで楽しんでおり、罪のない存在である。幸いなことに、今のところゆるキャラを行政の不正の隠蔽のために利用したという事例も聞いたことがない。

知っておくべきは、「キャラクター」がプロパガンダを広めるうえで極めて有効なツールとして機能するという点である。

ここまでに見た聖火ランナーやゆるキャラなど、プロパガンダの物語に登場する「主人公」または「出演者」を、私は「プロパガンダ・キャラクター」と呼んでいる。

プロパガンダ・キャラクターの古典的な例は、人気俳優やスポーツのチャンピオン選手、成功した歌手など、俗に言う「スター」である。ここには「偉業」を達成した人物(リンドバーグ、ヒラリー卿など)が含まれる。彼らはラジオ、テレビ、映画、雑誌など旧メディア上が舞台だった。英語ではひとまとめにして"Celebrity"、すなわち「有名人」「著名人」という。ネットがマスメディアになった頃に「セレブ」は日本語にも入ってきた。

アメリカでいえばパリス・ヒルトンやキム・カーダシアンが「セレブ」の例である。彼女たちは俳優やスポーツ選手のような「達成した偉業」がない。著名人とのセックス動画が流出した、リアリティ・ショーで私生活を公開したなど、日本語でいう「お騒がせ」の人にすぎない。ホテル王ヒルトンのひ孫である、O・J・シンプソン事件の弁護士の娘である、など「出自」が、著名人になるきっかけになっている。

社会のメイン・マスメディアがアナログ媒体（テレビ・ラジオ、雑誌・新聞）からデジタル媒体（インターネット、SNSなど）に交代すると、かつての「著名人」「スター」「文化人」は「カリスマ」「セレブ」「インフルエンサー」に呼び名が変わった。

知名度が高く、消費者への影響力さえあれば、俳優やスポーツ選手のように偉業を達成したり、職業的技能に秀でていたりする必要はなくなった。ごく平凡な主婦でもいい。整理収納に能力を発揮すれば「カリスマ整理収納アドバイザー」などと、それまで存在しなかった肩書が勝手につく。

また、北朝鮮のような独裁体制国家では、金正恩氏のような独裁者そのものがプロパガンダ・キャラクターになる。

なぜ運動の主役はいつも「若い女性」なのか

インターネット登場前の旧メディア時代、新聞記者だった私は「記事の紙面での扱いが大きくなるのは、記事の主役が『子ども』『女』『動物』『障がい者』のとき」と先輩から教わった。これは当時1980年〜90年代前半の日本社会の主流層が「成人」＋「男性」＋「健常者」だったからだ。新聞購読者の中核グループとも重なっていた。だから新聞や雑誌の多くはその視点で作られていた。

2025年の現在、主流層は「成人」「男性」「健常者」に「正規雇用者」が加わった。その逆像として「ニュースになりやすいキャラクター」にも「非正規雇用者」が増えた。それが大きく変化したのは、1986年に「男女雇用機会均等法」施行で、女性と男性の間の雇用の格差が禁じられて以降である。

この法律で日本社会の主流層は「成人」「健常者」「男性」プラス「女性」に変化したはずなのだが、プロパガンダ・キャラクターに「子ども」「女性」「動物」が好まれる傾向は変わらなかった。むしろ2010年ごろから「SNS＋スマホ時代」になって、キャラクターに「子ども」「女性」「動物」が好まれる傾向にますます拍車がかかった。

例えば前述の「ゆるキャラ」は「動物」のカテゴリーに入る。人気が出たのは200

8年前後である。スマートフォン「iPhone」が日本でも使えるようになったのも、同時期の2008年7月からだ。

何が変わったかというと「子ども・女性・動物」の活動領域が経済プロパガンダから政治プロパガンダへと広がったことだ。

2010年を過ぎた頃から、世界の政治運動の「アイコン」（象徴的人物）としてマスコミやSNSに頻繁に登場、国際的に有名になった例として、次のような人物をあげることができる。

・グレタ・トゥーンベリ：2003年生まれ。スウェーデンの環境活動家。
・エマ・ゴンザレス（現在はX・ゴンザレス）：1999年生まれ。アメリカの銃規制活動家。2018年にフロリダ州の高校で起きた銃撃事件（17人死亡）の生存者。
・周庭《しゅうてい》（アグネス・チョウ）：1996年生まれ。香港の民主派政治運動家。

「環境保護」「銃規制」「香港の民主主義運動」とまったく領域は違うのに、そのシンボル（＝プロパガンダ・キャラクター）はいずれも「若い」「女性」である。どの分野にも、活躍する男性は多数いるはずなのに、決まって10～20歳代の女性なのだ。しかも、それが「保守」に対する「進歩」「リベラル」側のシンボルという点が共通している。なぜだろう。以下のような理由が考えられる。

①「若い女性」は「人目を引く」点でビジュアル・コンテンツとしての力が依然高い。ネットであれ新聞・テレビであれ「人目を引く」人物を取り上げたがる。それは大衆が「若い女性」に「目を引きつけられる」から、視聴率やPVを稼げるからでもある。社会に主張を伝えようとする団体も、マスコミやネットでの影響力を計算の上でキャラクターを選ぶ。

②それなら「若い美男子」でも人目を引くという点で女性と同じぐらい増えていいはずだ。しかし、そうはならない。先に述べた「自由の女神」や「ゲルマニア」がすべて女性だったことを思い出してほしい。女性は子ども＝新しい世代＝未来を産む身体機能を持つ。ゆえに「古い時代や古い価値」を打ち破り「新しい時代・価値」を創造する、という精神分析学的な象徴性がある。

③国際社会でも、権力者の多数派は依然「成人男性」である。すると「若い女性」は

そうした「旧弊」「守旧」を変えていく「挑戦者」「変革者」の意味を帯びるようになる。
④若い女性が環境問題や銃の乱射といった深刻な社会問題と格闘し、苦悩する姿は同情を集めやすい。

近年の日本で、こうしたリベラル側のプロパガンダ・キャラクターとして成功した女性の例としては、東京新聞の望月衣塑子《いそこ》記者が挙げられる（第2章で詳述）。
なお①〜④はすべて「男性側の視点が中心」であることに注意してほしい。前述のように「若い女性」がビジュアル・コンテンツとして優れているのは、依然、社会の実権を握っている「若い女性」の逆像＝「若くない男性」（オジサン）の目を引くからである。

リベラル側のプロパガンダ・キャラクターとして、前記に匹敵するような国際的知名度を得た「非・若い女性」はウクライナのゼレンスキー大統領ぐらいだろう。しかしこれは、2022年2月にロシアが軍事侵攻したとき「たまたま」ゼレンスキーが大統領だった、という偶然の産物にすぎない。

とはいえ、政治家になる前はコメディアン・俳優だったゼレンスキーが、自分が最高のプロパガンダ・キャラクターであることを意識していないはずがない。「ロシアという暴力的な国と戦い、自由や民主主義を守るリーダー」というキャラクターを引き受け、演じ続けている。テレビ・新聞という旧メディアが報じなくても、スマホからXやYouTubeに動画を発信している。

物語とウイルスの類似性

こうした「物語」をつくる習性が人間の思考や行動に密接に関連していて、社会、経済、政治に深い影響を与えていることを学問的に研究している国がアメリカである。ビジネススクールをはじめとする経営学系のカリキュラムには、広告、交渉術やプレゼンテーション、営業などの「説得」のスキル習得が含まれている。そうした「相手の思考や感情を自分に有利に誘導・説得する」スキルの一つとして「物語」の研究が活発に行われている。こうした研究分野をまとめて"Mind Management"（マインド・マネージメント）という（後ほど詳述）。

こうした文脈での「物語」は"Story"（ストーリー）ではなく、"Narrative"（ナラティブ）と呼ぶ事が多い。「ナラティブ」は本来、「語り」「話術」という意味で、「口頭の語りによる物語」が原義である。が、現在ではほとんど「物語」と同義で使われる。

2013年にノーベル経済学賞を受賞したイエール大学の経済学者ロバート・シラーは、2019年の著作"Narrative Economics"（邦訳『ナラティブ経済学　経済予測の全く新しい考え方』山形浩生訳・東洋経済新報社）において2010〜19年の学術論文に登場する「ナラティブ」という言葉の数を調べ、「歴史学」「文化人類学」「社会学」「政治学」「心理学」などの分野で10〜25％が「ナラティブ」に言及していることを示している。「人間は物語を作る生き物である」という前提がそれだけ学問・研究にも浸透しているわけだ。

シラーの主張はこうだ。

土地バブルや住宅ブーム、ビットコイン投資、銀行の取り付け騒ぎ（パニック）など、人々の間で共有される「物語」は、経済に強い影響を与えてきた。にもかかわらず「非科学的」「裏付けがない」などの理由で、経済学は「物語」を無視し続けてきた。

そこでシラーは、デジタル化された過去5世紀、500万点以上の書籍データベースを単語や語句で検索し、その出現頻度をビジュアル化できるGoogle社のアプリケーションサービス"Ngram"（2010年12月公開）を使って、そうした「物語」のキーワードがどうマスメディアや書籍に現れているかを追跡・可視化した。

例えば1982年に始まり、特に1992〜2000年に急上昇したアメリカの株価バブルを産んだ13の「物語」を、シラーは次のように分析する。

①インターネットの到来、②社会主義経済の敗北、③日本、韓国などライバル国の低迷、④ビジネス成功者への崇拝、⑤共和党優位の議会とキャピタルゲイン減税、⑥団塊の世代の引退、⑦ブルームバーグ、CNNfnなど金融ニュース・マスメディアの増加と充実、⑧アナリスト予測が楽観的、⑨年金が「確定給付型」から「確定拠出型」(401kなど)に転換、⑩ミューチュアル・ファンド(投資信託)会社の激増、⑪低いインフレ率とインフレ率調整への無理解、⑫取引量の増加、⑬ギャンブル文化の勃興(ロバート・J・シラー『投機バブル 根拠なき熱狂 アメリカ株式市場、暴落の必然』植草一秀監訳・沢崎冬日訳・ダイヤモンド社。ただし①〜⑬は筆者訳)

こうした「物語」が社会を動かすほど多数に共有される現象を、シラーは"Viral"(ヴァイラル)になる、と呼ぶ。この言葉は現在「インターネット上で大流行する」という意味で使われている。日本語でも「ヴァイラル」または「バイラル」と、同じ意味でそのまま使われている。もともと「Viral」は「Virus（ヴァイラス＝ウイルス）の」という形容詞である。つまり何かがマスメディア上でヴァイラルになったということは、ウイルスのような感染力を持って情報が爆発的に広まったことを意味する。

実際にシラーはそうした物語の広がり方のパターンを調べ「ヴァイラル化」がウイルスのパンデミック（感染爆発）と類似していることも指摘している。

こうした「ヴァイラル」とよく似た概念として、過去の研究例はほぼ同じ内容を指している。「群衆心理」（ギュスターヴ・ル・ボン。1895年）、「集合意識」（エミール・デュルケーム。1893年）、「集合的記憶」（モーリス・アルヴァックス。1950年）、「ミーム」（リチャード・ドーキンス。1976年）などは、表現こそ違うが、指しているものはほぼ同じと考えていい。

「市場での大きな出来事は、多数の人間からなるグループが同じ考え方をしないかぎり発生しない。そして、ある考えが伝播するうえで、ニュース・メディアは必須の手段なのである」（シラー前掲書。植草一秀監訳・沢崎冬日訳）。

このシラーの経済学での思考は、そっくりそのままプロパガンダに応用できる。その言葉を借りれば、「多数の人間からなるグループが同じ考え方をするように、ニュース・メディア（インターネットを含む）を使ってある物語を伝播」させれば、それが最善のプロパガンダになる。政治宣伝であろうと商業広告であろうと、原理は同じである。

それでは、次は「どんな物語がプロパガンダに有効なのか」を考えていこう。アメリカの文学・映画研究者であるロナルド・トバイアス（モンタナ州立大学写真映像学部教授）は「あらゆる小説や演劇、映画の物語構造は20パターンしかない」と書いている。

①探求、②冒険、③追跡、④救出、⑤脱出、⑥復讐、⑦謎解き、⑧敵対、⑨負け犬、⑩誘惑、⑪変身、⑫変革、⑬成熟、⑭恋愛、⑮禁断の愛、⑯犠牲、⑰発見、⑱やりすぎた末の不幸、⑲勃興・発展・上昇、⑳衰退（"20 Master Plots:And How to Build Them" Ronald B. Tobias, Writer's Digest Books, 1993。筆者訳）

人類が言葉を手に入れ、物語を紡ぎ始めてから久しい。しかし、ギリシャ悲喜劇からシェイクスピア、そして近現代文学、映画、演劇に至るまで、実は人間が接してきた物語のパターンは20通りぐらいしかない、ということだ。

いやむしろ、パターンが少ないからこそ、人間は「おなじみの展開」の物語に心惹かれる。文化人類学や民俗学、神話学や宗教学は、神話や民話のパターンを「英雄譚」「美談」「報恩譚」などに分類している。これは現代でも報道やドラマの中で「人気もの」「定番もの」として繰り返し現れる。

そして一方、人間は現実を「物語」にあてはめて解釈しようとする。だから多くの人は、自分自身を主人公とした「物語」（Life Story）の中で生きている。そうした「物語を作る動物」が集まって作った社会の中では、他者の物語を理解し、共感できないと、妥協のできない分裂と対立が始まる（後述する）。

そんな「物語を作る動物」である人間の社会にとって、物語が共感や誘導、説得（つまり認識形成）の強力なツールであることは間違いない。それゆえに「物語」はプロパガンダにとっても極めて強力なツールとなるのだ。

第1章　どう生まれ、どう発展したか――プロパガンダの歴史

1　布教が起源だった

カトリックの教えを広めよ

プロパガンダ（Propaganda）という言葉はもともとはキリスト教、特にカトリック側の言葉だ。宗教改革が勃発した約100年後、旧教側＝ローマ教会が新教徒に対抗してカトリックの教えを布教しようと正式の省庁を作った。その名前が「布教聖省（ラテン語：Sacra Congregatio de Propaganda Fide）」だった。1622年、作ったのはローマ教皇グレゴリウス十五世である。

本来、〝Propagare〟はラテン語で「繁殖させる」「増やす」「伝える」「普及させる」と

いう意味だ。Sacra Congregatio de Propaganda Fideを日本語に訳すると「信仰を広めるためのローマ教会の聖なる省庁」になる。1627年には伝道師の養成学校「プロパガンダ大学」が創設される。

この名称はそれから350年以上、1967年まで使われ続け、現在も「福音宣教省」(Congregatio pro Gentium Evangelizatione)と名前を変えて存続している。2022年6月には、教皇自らがトップを務める筆頭省（それまでは教理省）に昇格した。つまりプロパガンダはローマ教皇庁の中でも依然、最重要の部門なのだ。

『ウエブスター歴史年表　プロパガンダ』("Propaganda: Webster's Timeline History" Webster's Online Dictionary)を紐解くと、この「布教聖省」が設置された1622年以降"Propaganda"という言葉が頻出し始める。

1517年、マルチン・ルターがドイツで宗教改革の火蓋を切って以後、ヨーロッパではドイツ、オランダ、ポーランドなどで新教徒が急増した。

ローマ教会に「プロパガンダ聖庁」が設置されるまで、新教に対抗したカトリック組織は「イエズス会」だった。ポーランドや南ドイツ、オーストリアなどの新教徒をカトリックに回帰させたのはイエズス会の影響である。遠い日本にキリスト教を伝えた

（1549年）のも、イエズス会のフランシスコ・ザビエルである。

しかし同会はあくまでもローマ教皇に公認された一修道会にすぎない。一方、布教聖省はバチカン（主権国家と同格）の省庁である。

当時は三十年戦争（1618〜48年）で諸国・諸侯が新教徒・旧教徒側に分かれて戦争を繰り広げ、欧州全土が荒廃していた。布教のための移動が困難になり、イエズス会はラテン・アメリカ、中国や日本など欧州外の布教に活動の軸を移していた。

ここまででおわかりのように「プロパガンダ」という言葉は本来、「福音」を広める「布教」「宣教」「伝道」という意味のラテン語だった。

「福音」とは「良い知らせ」＝「人間の神に対する原罪は、救い主イエスの犠牲によって許された」という意味だ。それを知らない人に伝え広める行為が「伝道」である。ゆえにキリスト教文化圏では「プロパガンダ」は「『これは素晴らしいものですよ』と勧めること」という語感を持つ。そこに「宗教」「政治」「経済」の区別はない。「政府や企業の宣伝」というネガティブな語感が付いたのは20世紀に入ってからのことだ。

もともとキリスト教には新旧教問わず「福音を広めることはクリスチャンの義務」という考え方がある。

「それゆえに、あなたがたは行って、すべての国民を弟子として、父と子と聖霊との名によって、彼らにバプテスマ（洗礼）を施し、あなたがたに命じておいたいっさいのことを守るように教えよ。見よ、わたしは世の終りまで、いつもあなたがたと共にいるのである」（マタイによる福音書・第28章19－20節。傍線および注は烏賀陽）

キリスト教は開祖イエス自身の言葉にならい「私の教えをみんなに口コミしてね」「いい話だから人に勧めて回ってね」と教義を経典（聖書）に定めているのだ。つまりキリスト教は出自から「口コミ宗教」である。

聖書はプロパガンダに適していた

聖書史家のバート・アーマンは『キリスト教の勝利（The Triumph of Christianity、日本未訳）』で、キリスト教信者が増えた理由を2点挙げている。

①伝道宗教であること。ユダヤ教やギリシャ・ローマの多神教と異なり、ひとたび福音を受け取ったら、その物語を伝えるのがその人の聖なる義務である。良き知らせを自分のものだけにしておくことは、貪欲で罪深い行為である。

②一神教かつ不寛容。他の神の存在を許さない。新しい「神」が現れても信じてはならない。つまり改宗できない。

イエスが刑死した西暦30年ごろ、イエスの信者はわずか20人ほどだった。駆け出しの地下アイドル並みの信者数である。

イエス自身はユダヤ教のラバイ（司祭）だった。ユダヤ教ナザレ派という小さなユダヤ教改革運動にすぎなかった。「キリスト教」（キリストは「救い主」の意味）という名前も、もちろんない。

ところが３６０年後にキリスト教は数千万人の信者を擁し、ローマ帝国の国教になった。その後、キリスト教が中東から地中海世界を経て欧州全土に広がり、さらに世界を覆っていった歴史は述べるまでもないだろう。

新約聖書を読むとすぐにわかるのだが、イエスの説話は優れたたとえ話がふんだんに盛り込まれている。「救済」「道徳」「許し」「愛」などの難しい概念を「タラントのたとえ」「放蕩息子のたとえ」「よきサマリア人」などのたとえ話で簡明に説明している。学のない人にもわかりやすい。イエス自身が、難しい教義を平易に言い換えることができる、たとえ話の名人だった。

前章で「効果的なプロパガンダは物語を持っている」ことについては触れた。優れた物語は伝播力が強い。「教義＝メッセージがシンプルであること」と合わせると、キリスト教だけでなくイスラム教、仏教など、世界に広まった宗教はどれも「優れたプロパガンダ」の要件を満たしている（『ストーリーが世界を滅ぼす』）。

マスメディアが発明される以前の口コミ時代、世界規模でバズった初期のコンテンツがキリスト教をはじめとする世界宗教だった、と考えるとわかりやすいだろう。

後述するように、プロパガンダの歴史はマスメディア発達の歴史と軌を一にしている。ここまで、マスメディア発明以前を「プロパガンダ第０世代」と呼ぶことにしよう。すると以下のようなプロパガンダ発展史が見えてくる。

・活版印刷技術＝印刷マスメディア時代：第１世代
・ラジオ・映画・テレビなど電気マスメディア時代：第２世代
・インターネット時代：第３世代
・ＳＮＳ・スマホ時代：第3.5世代

本章では第3世代までの流れを概観することとする。

2　宗教改革は世界初のプロパガンダ成功例

衝撃的だったルターの文書

1517年に始まる宗教改革の引き金を引いたのが、当時の神聖ローマ帝国・マインツ市（現在のドイツ南西部）の金細工師、ヨハネス・グーテンベルクによる活版印刷の発明（1445年ごろ）だという話は高校の世界史にも出てくる。

では具体的に活版印刷は宗教改革と関係があるのか。教科書や歴史本によく出てくる話はこうだ。

「1517年10月31日、マルチン・ルターが『95か条の論題』という文書をヴィッテンベルクの城教会の門扉に貼り出し、ローマ教会の免罪符販売を批判した。これが宗教改革の発端である」

なぜ、ドイツの一城下町の教会の扉に貼った紙が、ドイツのみならず欧州、いや世界の歴史を書き換えるまでに広がったのか。

「95か条の論題」は活版印刷で大量にコピーが作られた。最初は300部ぐらいだった。しかも、ルターの原文はラテン語で書かれていたのを、誰かが（今も誰なのか不明）ドイツ語に翻訳した。当時、ラテン語は聖職者はじめ知識階級の言葉であり、ドイツ語は「無学」な庶民の言葉だった。

それを読んだ人々が驚愕したのは、「ローマ教会を批判してよい」と公に示されていることだった。しかも、それが教会用語であるラテン語ではなく、庶民でも理解できるドイツ語で書かれている。この2点が革命的だった。

当時、ローマ教皇は「イエスの主たる弟子であるペテロの正統な後継者」ということになっていた（今でも建前ではそう）。そのローマ教会を批判することは、神やイエスを批判することとイコール。地獄行きの大罪だったのである。

「95か条」は「活版媒体＝プリントメディア」に載ってドイツ庶民の間を駆け巡った。マスメディア上でバズった世界初のテキスト・コンテンツが「95か条」。ルターは世界初のマスメディア・インフルエンサー。今風にいうとそうなる。

ちなみに、グーテンベルクが1455年に最初に180部印刷した聖書（『グーテンベルク聖書』『42行聖書』）はバズらなかった。庶民には読めないラテン語で書かれていたからだ。

ルターが生きていたころ、ドイツ人の識字率は4〜5％だった。字の読めない人相手には「95か条」を図表で解説するパンフレットや、語って聞かせる説教師が活躍した。ドイツ語からまた他の外国語にも翻訳され、欧州を駆け巡った。

現代と同じように、バズると「炎上」もまた避けられない。印刷コピーはすぐにローマ教皇に送られた。ローマ教会はもちろん、教皇派諸侯の怒りを買い、ルターは破門のうえ法的保護を剝奪され、神聖ローマ帝国を追放処分になった。

ルターのスッパ抜き

ルターがいたヴィッテンベルクは現在のドイツ北東部、首都ベルリンの南の街である。神聖ローマ帝国の皇帝を選ぶ投票権を持つ7人の諸侯の一人、ザクセン侯の居城があった。日本でいえば有力大名の城下町である。

その「選帝侯」フリードリヒ三世が1502年に創立したのがヴィッテンベルク大学。ルターはその神学部で教える教授だった。フリードリヒ三世は追放されたルターを内緒で城にかくまった。その約1年の間に、ルターは今度は新約聖書をドイツ語に翻訳した。当時、聖書はラテン語で書かれていて、教会にしかなかった。ラテン語以外への翻訳は死罪だった。聖書は「極秘文書」だったのである。

庶民はラテン語がわからないので、教会と聖職者の口を通してしか、キリスト教の教義や解釈はもちろん、聖書の内容すら知ることができない。そうした「聖書の中身」や「神の意志」を語る権利を独占していることが、ローマ教会と、末端までの聖職者の権威と権力の源泉だった。

それをルターは、庶民でも聖書を読めるようにしてしまった。今風にいうと聖書という「ローマ教会秘蔵の極秘文書のスッパ抜き」である。

反対にローマ教会にとっては「神の言葉を人間に伝える代理人」としての権威を破壊される行為だった。自分のわかる言葉で書かれた聖書をいつでも読めるのだから「イエスは何と言ったのか」信者一人ひとりが知ることができる。カトリックの聖職者に教えを請う必要はない。

すると信仰は、教会や聖職者が決めるのではなく、聖書を読んだ一人ひとりが決めればよい。信者それぞれが教会を介さずに、信仰によって神と直接つながればよい、ということになった。これはローマ教会にとっては権威を否定される死活問題である。プロテスタントは聖書を読むことで信者一人ひとりが神と信仰によってつながることになっている。カトリックは信者と神の間に「教会」（と儀式）という媒介物が入る。両者の信仰形態の違いは、今日に至るまで基本的に変わっていない。

こうして精査すると、宗教改革はプロパガンダの定義にぴったりと当てはまる。活版印刷というマスメディアを使って、ローマ教会の権威を離れ、新教徒となる人を増やすという意図・目的を持ち、多数を誘導したからだ。

宗教改革は、世界初にして最大の変革をもたらしたプロパガンダだったと言えるのではないか。

そしてもう一つ、プロパガンダが成功するための要件が何かわかる。コンテンツを多数の民衆が理解できること＝この場合はドイツ語が理解できる＝識字（リテラシー）である。ラテン語で書かれたグーテンベルク聖書はバズらなかった。多数派が内容を理解できなければ、バズりようがないのだ。

3 活字媒体時代のプロパガンダ

識字率向上が大衆を生んだ

プロパガンダが成立する前提条件は、識字が普及することである。多数派が情報を理解、共有するためには、彼らが文字を読めないことには何も始まらない。

世界の15歳以上の識字率を１４７５年から２０２２年までグラフ化したもの（https://ourworldindata.org/）を見ると、イギリス、フランス、ドイツ、アメリカなど先進工業国で１８００年代半ばごろには識字率が50％を超える。世界平均も20％前後に上昇し、20世紀後半には飛躍的に伸びる。

識字人口の増加は「普通教育」の普及の結果である。「普通」とは、身分や職業、貧富の差によらず、誰も国民が等しく受けることのできる教育という意味。それが諸国で一般化したということだ。

さらに、親が子どもに普通教育を受けさせる義務を負う制度を「義務教育」という（子どもが学校に行く義務を負うのではない）。

アメリカ、イギリス、日本など先進工業国で普通教育・義務教育が制度化されるのは19世紀後半である。これは各国が「富国殖産」＝工業化のための労働者として、読み書きのできる国民を必要とし始めた時期と重なる。

新聞の大衆化

新聞という印刷マスメディアそのものは、普通教育の普及以前からあった。新聞の原型は1502年に神聖ローマ帝国のドイツ語圏で発刊された「ノイエ・ツァイトゥング」（Neue Zeitung：ドイツ語で「新しい知らせ」）に始まる。活版印刷の発明から57年後である。世界で初めての日刊紙はドイツ・ライプチヒで1650年に創刊された4ページ立ての「アインコメンデ・ツァイトゥンゲン」（Einkommende Zeitungen：「新着ニュース」）だった。

イギリスでは1785年に「デイリー・ユニバーサル・レジスター」が創刊され（1788年に「タイムズ」に改称）、1821年には「ガーディアン」が創刊されている。フランスでは1826年に「フィガロ」が、アメリカでは1851年に「ニューヨーク・タイムズ」が創刊された。これら「普通教育」普及以前の18世紀末から19世紀中頃に創刊された欧米の新聞は「高級紙」として今日まで命脈を保っている。なぜ「高級紙」なのか。創刊時には識字人口が知識層に限られていたからだ。

19世紀中頃には、ドイツ、フランス、イギリスなどで識字率が50％を超えた。普通教育が行き渡り、識字人口が増えたのである。俗に言う「大衆」の誕生である。するとと今度は彼らをターゲットとする「大衆紙」が発刊された。時あたかも産業革命が進行していた。すると職業は多様化する。情報需要の種類が拡大する。読者を広げるため新聞記事は政治・経済だけでなく、芸能、スポーツ、文芸、ゴシップと内容が広がった。

日本でも、時期が後にずれるだけで、流れはほぼ同じである。

明治維新（1868年）の3年後、1871年に日本初の日刊紙「横浜毎日新聞」が創刊される。1872年には最初の全国紙「東京日日新聞（後の毎日新聞）」が創刊。

1874年に創刊された「読売新聞」は、漢文調・知識人向け「大新聞《おおしんぶん》」とは対照的に、挿絵や漢字にふりがなが入った大衆向け「小新聞《こしんぶん》」と呼ばれた。前者がインテリ向けに政治・経済を中心にしていたのに対して、後者は大衆向けにスポーツや芸能を含めた娯楽を中心にしていた。

日本で普通教育が始まったのは、1886年だ。先立つ1879年の教育令で「義務教育」という言葉が初めて登場した。

フランスの社会心理学者、ギュスターヴ・ル・ボンが『群衆心理』を書いたのが1895年。1921年には精神分析学の開祖・ジグムンド・フロイトが「集団心理学と自我の分析」を出した。1900年前後、つまり20世紀に入るころには「大衆」と呼ばれる「識字能力のある多数派」が新しい社会的集団として認知されはじめた。

ヒトラーが著書『わが闘争』で大衆を操縦する術としてのプロパガンダを論じたのが1925~26年、スペインのオルテガが「大衆の反逆」を書いたのが1930年である。「この大衆という新興勢力は、一体どんな人々なのか?」。そうした疑問に答えるべく、各国で分析と著作がなされたわけだ。

プロパガンダが説得の対象とするのはこの「大衆」である。「マスメディアを使って多数の思考や感情、行動を自分の望ましい方向に誘導・説得する」という意味でのプロパガンダが本格的に稼働するためには、こうした「大衆」の存在が前提にある。

4　国家プロパガンダの誕生

ナチスのお手本はアメリカ

その効果と結果があまりに劇的だったため「国家プロパガンダ」というと1920～40年代前半のナチス・ドイツを頭に浮かべる人が多い。大学のマス・コミュニケーション論でも、教材に使われるのはナチスが多い。

しかし、実はナチスは国家プロパガンダの元祖ではない。ヒトラーがお手本にしたのは第一次世界大戦時のアメリカ・イギリスの政策宣伝である。また、ナチスの宣伝省大臣だったヨセフ・ゲッベルスはソ連共産党（ボルシェビキ）のプロパガンダを絶賛しており、特に「戦艦ポチョムキン」を見て「こういう映画をわれわれも作るべきだ」と周囲に話している（広田厚司『ゲッベルスとナチ宣伝戦　一般市民を扇動する恐るべき野望』光人社NF文庫）。

国家プロパガンダを本格的に始めた最初の国は、第一次世界大戦期（1914～18）のアメリカである。それも「広告産業」が政府に雇われる形で始まった。

第一次世界大戦が始まった当時のアメリカは「ヨーロッパの戦争に介入しない」という孤立主義が外交政策の基本にあり、中立を守っていた。

大戦中の1916年に当選したばかりのウッドロー・ウイルソン大統領は、国民に参戦を納得させる必要があった。そこで掲げられたスローガンが「自由・民主主義・人権を守るための戦い」という宣伝だった。

アメリカが第一次世界大戦に参戦した1917年、ウィルソン政権下に"Committee on Public Information"（CPI：公共情報委員会）が作られた。プロパガンダを専門とするアメリカ政府初めての組織である。委員長に就任したジャーナリストのジョージ・クリールの名前から「クリール委員会」とも呼ばれる。

PRの父

このCPIに雇われた26歳の若い広告・宣伝コンサルタントに、エドワード・バーネイズという人物がいた。今日もなお「PR（Public Relations）産業の父」と呼ばれるキーパーソンである。アメリカのビジネススクール（経営学大学院）で広告・宣伝（パブリック・リレーション）のコースを取ると、彼の著作は必読文献で出てくる。

バーネイズはユダヤ系オーストリア人としてウィーンに生まれた。興味深いことに、バーネイズの母アンナは前述した精神分析学の開祖フロイトの妹。つまりバーネイズはフロイトの甥である。バーネイズは伯父フロイトの文献を英語に翻訳する仕事もしていたため、フロイトが開拓した精神分析学に通じていた。それを広告・宣伝に応用したのは自然の流れだったのだろう。

幼少期にアメリカ・ニューヨークに移民したバーネイズは、名門コーネル大学を卒業したあと、医療業界誌の編集者を経て、俳優・演劇のプレス・エージェントになった。現代日本風に言うなら、芸能事務所のマスコミ宣伝担当である。

有名な例で言えば、ジーン・ウエブスターの小説を原作にした演劇「足ながおじさん」を孤児への慈善活動と結びつけて宣伝したのはバーネイズが最初である。梅毒を扱った演劇を担当すれば、それを性病予防や偏見根絶の社会キャンペーンと結びつけた。

アメリカでは、社会的な広がりを持つ芸能は富裕層からの寄付を集めやすい。寄付を募る過程で、バーネイズは石油王・ロックフェラー一族や、鉄道王・バンダービルド一族と知己を得た。

アンナ・パヴロワやヴァーツラフ・ニジンスキーが在籍した「バレエ・リュス」（ロシア・バレエ団の意味）が１９１６年、本拠地パリからニューヨークを訪れ、メトロポリタン歌劇場で公演したときは、ヘビ使い役のバレリーナに衣装のまま本物のヘビを抱かせた写真を撮ってマスコミ用「宣伝材料」（今も『宣材』という）にばらまいた。

断っておくが「バレエ・リュス」はストラヴィンスキーやドビュッシー、エリック・

サティが楽曲を提供したことでも有名だ。つまり総合芸術としては歴史に残るクオリティの高さを誇った。が、バーネイズはそれをくどくどと言葉で説明するのではなく「ヘビを抱いた女性」という人目を引く写真一枚で有名にしてしまった。1916年の段階でバーネイズは「広告・宣伝においては百の言葉より一枚のビジュアル・イメージのほうがより大きなインパクトを持つ」ことを実践していた。

他にも「アンクル・サム」が真剣な眼差しでこちらを見つめる絵に"I Want You for U.S.Army!"（アメリカ陸軍に入ろう！）とコピーをつけた有名なポスターは、前述のCPIの作品である。

ローマ帝国を侵略したフン族にドイツをなぞらえ「文明や自由を破壊する野蛮人を倒そう」というキャンペーンを張った。「自由と文明を守るためにアメリカ戦時国債を買おう」など、第一次世界大戦を「文明vs.野蛮」「自由vs.独裁」の戦いだと位置づけた。この手法は2001年のアフガニスタン戦争や2003年のイラク戦争にまでずっと応用されている。

経済プロパガンダを開拓

バーネイズの仕事で、経済プロパガンダで有名なのは、プロクター・アンド・ギャンブル（P&G）社の「アイボリー石鹼」を宣伝するキャンペーンである。

全米の子どもたちを参加させる「石鹼彫刻コンクール」を企画した。美術教育の一環として大反響を呼び、学校は授業時間に石鹼彫刻を取り入れた。全国大会に残った作品はニューヨークのギャラリーに展示され、P&G社が豪華な賞品を用意した。コンクールは毎年開催され、4年目には全国大会に4000点の応募があったそうだ。

バーネイズはこう述べている。

「このキャンペーンでは、心理学的な動機がいくつも作用していることがわかる。①美的なものをつくりたいという欲求、②競争に勝ちたい、③集団を好む（彫刻は学校のグループで実施された）、④知性や嗜好を誇りたい（リーダーのお手本を見ると追従したい衝動にかられる）、⑤自己顕示欲、⑥母親に認められたい」（筆者訳）

これは、数々の広告キャンペーンの成功で勇名を馳せたバーネイズが1928年に出した著作"Propaganda"（『プロパガンダ教本』中田安彦訳・成甲書房）の章「PRの心理学」

の一節だ。まさに彼の伯父・フロイトの精神分析学の応用そのものである。

バーネイズは伯父のフロイトらの説を引用しながら「大衆心理」をプロパガンダに応用することを説く。

「大衆心理の仕組みと、それを動機づける要素を解明できれば、大衆が気づかないうちにこちらの思いどおりに彼らを操って、コントロールすることが可能なのではないか。近年に実行されてきたプロパガンダの事例を眺めれば、少なくともある程度まで、また特定の範囲内で、そのように大衆をコントロールするのが可能だということがわかる」（前掲書より）

こうしてバーネイズ以降、広告・宣伝に精神分析学や社会心理学を応用することは当たり前になっていく。

ここで「ＰＲ」という言葉についてバックグラウンドを解説しておく。

ＰＲは政府や企業の広告活動の一種であり、「広報」と同一視されることが多い。

しかし日本語の「広報」と英語の「ＰＲ」はそのニュアンスも社会的地位もまったく

違う。英語の語感では「社内のこと」は private（プライベート）であり、public はその反対語。つまり「社外のこと」はすべて public である。

よって Public Relations には「社外との関係」がすべて含まれる。株式を買ってくれる投資家との折衝（ＩＲ＝インベスター・リレーションズ）、マスコミや広告代理店とのやりとり（メディア・リレーションズ）、地元住民やマイノリティ団体との折衝（コミュニティ・リレーションズ）と、多種多様な「社外」との関係づくりをＰＲ部門は担当している。

ＰＲ担当者は、ある企業の社会の中での地位やイメージを決定する重要なポジション、と見なされている。日本企業では「広報部・課」が「社内報」の編集・発行やマスコミ取材窓口を担当する、比較的マイナーな部署であることとは正反対である。この事実を忘れないでほしい。

これはアメリカで特に顕著だ。ビジネススクールにはＰＲコンサルタントの養成コースがたいていある。ＰＲを専攻としてＭＢＡ（経営学修士）をとることもできる。

そうした背景から、ＰＲ担当者は専門職であり、その専門知識と人脈を持って、会社から会社へと渡り歩く。自らＰＲコンサルタントの会社を立ち上げる人も多い。それが大きくなると「ヒル・アンド・ノウルトン」や「バーソン・マーステラ」のように一国の政府（第一次湾岸戦争でのクエート政府、旧ユーゴスラビア内戦でのクロアチアなど）をクライアントとするまで巨大化する。

こうしたPR会社を、日本語では「広告代理店」と翻訳する。が「電通」「博報堂」のような、スポンサー企業とマスコミをつなぐ「広告営業」を生業とする日本の広告代理店とはまったく異種である。企業や国のイメージを決定する戦略を作って実行する、一種の世論工作会社と言っていいだろう。その業務は外から見ると「自らに有利に多数の思考を誘導する」という「プロパガンダ」そのものなのだが、自称としては「パブリック・リレーション（コンサルタント）」という言い方が使われる。

「健全性」を説いたバーネイズ

バーネイズに話を戻そう。彼は、第一次大戦で「胡散《うさん》臭いもの」というネガティブな語感がついた「プロパガンダ」という言葉をあえて本のタイトルにした。そして政治・経済その他あらゆる社会活動でプロパガンダが必要であることを説いた。

「現代社会においては、大規模な事業を行う場合には大衆の同意が欠かせない。したがって、その事業がいかに健全なものであっても、その良いイメージを大衆の心に印象づけることができなければ失敗に終わる。（中略）大規模に考えを広めるこのメカニズムこそが『プロパガンダ』というべきものであり、それは広い意味で言えば、特定の信条や教義を広めるためのまとまった活動のことを意味している」

「プロパガンダは本来の意味においては、人類の活動のまったく正当な形であることがわかるだろう。社会的であれ、政治的であれ、宗教的であれ、どのような社会においても、ある信念を持ち、口頭あるいは書面でそれを知らしめようとする者はみなプロパガンダを実行しているのである。（中略）正しい意味での『プロパガンダ』は、由緒正しく尊敬に値する歴史を持っており、まったく健全な言葉である」（前掲書より）

ヒトラーの学習

こうしてアメリカで発達したプロパガンダの手法を受け継いだのがナチス・ドイツだ。

1924年、前年にドイツ・ミュンヘンでクーデターを起こそうとして失敗した極右政党の党首が5年の禁固刑判決を受け、南東部バイエルン州にあるランツベルク刑務所に収容された。国家社会主義ドイツ労働者党（ナチス）のアドルフ・ヒトラーである。ヒトラーは8ヶ月の獄中生活の間に、後にナチスのバイブルとなる『わが闘争』を口述筆記した。第1巻が発行されたのは1925年7月。ヒトラーは同書全27章のうち、2章をプロパガンダに割いている。

「宣伝を正しく利用するとどれほど巨大な効果を収めうるかということを、人々は戦争（烏賀陽注：第一次世界大戦）の間にはじめて理解した。けれども遺憾ながら、ここでふたたびすべてを相手側に学ばねばならなかった。（中略）イギリス人やアメリカ人の戦時宣伝は心理的に正しかった。かれらは自国の民族にドイツ人を野蛮人、匈奴だと思わせることによって、個々の兵士に前もって宣伝が、戦争の恐怖に対する準備をし、幻滅をおこさせないように努力していた」（『わが闘争』平野一郎、将積茂訳・角川文庫）

後々、ラジオ、映画やポスターを駆使したプロパガンダで歴史に名を残すナチス・ドイツだが、実はそのお手本はアメリカ・イギリスだとヒトラー本人が認めているのである。

ナチス・ドイツのプロパガンダの詳細について、本書では深入りしない。詳細に書いた専門書が多数出ているので参照してほしい。前掲『ゲッベルスとナチ宣伝戦』をお勧めしておく。

「ゲッベルスは総統伝説を創造するためにナチ党が行なう集団的示威行動（パレード）を利用していたが、国民感情を操作してゆくには巨大な集会がより効果的であると見なして、（中略）こうした集会は一般に夜の八時以降に行なわれたが、これは人々の抵抗心が減退して説得に対してもっとも効果的な時間帯だったからである」（同書）

PR国家アメリカ

ナチス・ドイツもアメリカも「大衆心理学を応用したプロパガンダ」という点では、やっていることは実は同じだった。ナチス・ドイツでは国家プロパガンダ（政策宣伝）、アメリカでは商業プロパガンダ（広告）という違う形を取ったにすぎない。

「大衆の声が、神聖で、突出して知恵にあふれ、高尚な考えを表現しているなどと、マジメに考える社会学者はもういない。大衆の声は、大衆の考えの表現にすぎない。その大衆の考えを作るのは、彼らが属するグループのリーダーと、世論を操作する技術を知る人々なのだ。昔からある思い込みとシンボル。決まり文句と、定型句。大衆のリーダーたちが与えるのはそんなものだ。大衆の考えや声はそんなものでできている。幸いなことに、誠実で能力のある政治家なら、プロパガンダの技法を使うことで、人々の意思を思う形に作り上げることができる」

こう書いたのはヒトラーではない。1928年のバーネイズなのである（前掲書）。当時『わが闘争』はドイツですでにナチス系の小さな出版社から出されていた。オーストリア生まれのユダヤ系アメリカ人で民主主義者のバーネイズと、同じオーストリア人の全体主義者ヒトラー。二人の大衆への見方は、奇妙に一致している。バーネイズは、選挙での候補者や、政府の政策の宣伝には、商業広告のようなプロパガンダ技術がもっと必要だと力を込めて書いている。

「良い政府は、他の日用品とまったく同じように売り込むことが可能だ。もし将来、自らの政党の地位と力を維持したいなら、プロパガンディストとしても有能な政治家の人材を育ててはどうだろうと思う」（同）

バーネイズの予見は第二次世界大戦後のアメリカ政界で現実になった。政治家がＰＲコンサルタントをスタッフに雇うことはごく普通になった。

バーネイズの本から約１００年を経た２０２３年、アメリカには5万7416社ものＰＲ会社がある。うち1万992社がカルフォルニア州（映画、テレビ、芸能産業の中心地）にあり、次いでニューヨーク州（出版、映画産業）に７１５６社がある。

ビジネススクールの必修カリキュラムに

時代は少し飛ぶ。第二次世界大戦後のアメリカでは、こうした心理学を応用した他者の説得技術が盛んに研究されるようになった。特にビジネススクールで、説得技術は交渉やリーダーシップ、マネージメントの必修カリキュラムに入っていることが多い。

１９７０年代ごろまでこうしたカリキュラムは〝Human Relations〟（人間関係論）と総称された。現在はさらに進化して〝Mind Management〟（マインド・マネージメント）と呼ばれる。

英語で〝mind〟は「思考」「知」を指す。「感情」「心」ではない。ところが日本語に翻訳されるとき、翻訳者が混乱したせいか、"Mind Management"は「心脳マネージメント」というオカルトかスピリチュアル系のような奇怪な日本語になった。そのせいもあってか、日本にはマインド・マネージメントという研究分野があることすらほとんど知られていない。

いま日本語で「マインド・マネージメント」というと「低い自己評価を肯定的にする」「自己不信を鎮める」などの自己啓発系用語になってしまった。はっきりいうが、これは誤用である。

原義のMind Managementは「他者の思考を自分にとって好ましい方向に誘導・説得する」ことだ。「心脳マネージメント」というよりは、「思考管理」のほうが正確な表現だと私は考える。この「他者」が複数・多数ならプロパガンダになるが、単数なら商品の売り込みや、上司や顧客の説得など交渉術の一つになる。だからビジネススクールの必修カリキュラムに入っているのだ。さらに専門化が進んで「行動経済学」という分野が生まれた。前述のような交渉やチーム作りだけでなく、マーケティングや商品開発、広告論ではマインド・マネージメント系のカリキュラムは避けては通れない。特に広告は英語では文字通り「プロパガンダ」だからだ。

例えば2006年に日本文学研究者の小森陽一氏が著した『心脳コントロール社会』（ちくま新書）はこう書いている。

「心脳マーケティングの手法は、すでに系統的に方法化されて、実践的に使用されています。重要なのはこの手法が、商品のブランド創りや、商品広告だけではなく、政治的なプロパガンダにも応用されている、という事実です」

同書によると「心脳マーケティング」という言葉はジェラルド・ザルトマンというハーバード大学名誉教授が2003年に出版した"How Customers Think"（お客様はどう考えるのか）という本の日本語版に日本の出版社が付けたタイトルだ。『心脳マーケティング〜顧客の無意識を解き明かす』（ダイヤモンド社）がそれである。

同書はもともと、認知脳科学と精神分析学を消費行動の分析に応用した、ビジネススクール向けの教科書だ。「どうすればお客様はあなたや商品に好意を抱き、買ってくれるのか？」という内容。これはまさに「マインド・マネージメント」をビジネスに応用した著作である。

こうしたマインド・マネージメントを応用して、政治・経済で多数を発信者に好意的に説得しようという技術が現代のプロパガンダにほかならない。世界一の経済大国であり、同時にプロパガンダ大国でもあるアメリカでは、それがまず商業・経済プロパガンダ＝広告としてビジネススクールで学問化され、発達することになった。そしてＰＲ産業も巨大化した。そういう順番だ。

広告代理店の危険性

残念ながら、日本ではマインド・マネージメントに「心脳マネージメント」という誤った訳語が当てられたため、概念そのものが理解されないまま、すぐに消えてしまった。だから普及もしていない。

ところが、日本でも広告産業や政党はとっくにマインド・マネージメントの考え方を取り入れて広告・宣伝に日々励んでいる。その担い手の代表が広告代理店である。ところが、情報の受け手である大衆（消費者、有権者、納税者など）はその構造に無自覚だ。そこが危険なのだ。

消費者や有権者は、自分たちが精神分析学や認知脳科学を存分に盛り込んだプロパガンダ（商業広告と政治宣伝）に毎日晒《さら》されている事実を自覚していない。

日本、特に東京のような都市空間は、どこに行ってもプロパガンダに取り囲まれる。

広告だらけの街角や電車の車内にいて「息苦しい」と感じることはないだろうか。それは間違いではない。「私たちの製品やサービスを買ってください」「私たちの主張に同意してください」と、耳を塞ぎたくなるほど大量の説得情報があふれる、苦痛と誘惑に満ちた環境なのである。

ここで自衛策は一つしかない。「プロパガンダはこういう仕組みであなたを味方にしようとしている」と理解すること。一種のメディア・リテラシーとして「カウンター・プロパガンダ・リテラシー」が必要不可欠だ。再度強調しておきたい。

「広報アドバイザー」島耕作

本書執筆中、2024年10月17日発売の青年まんが雑誌「モーニング」（講談社）掲載の人気作品「社外取締役 島耕作」で、沖縄のアメリカ軍普天間基地の移設工事に関連し、「抗議する側もアルバイトでやっている人がたくさんいますよ。私も一日いくらの日当で雇われたことがありました」と地元女性が言う場面が問題視されるという出来事があった。抗議の声が上がり、講談社は同21日、公式サイト上に作者・弘兼憲史さんと編集部の「おわび」を発表した。伝聞にすぎない内容を断定で掲載したことが問題だったという。

重要なのは、作者の弘兼憲史さんがもともと防衛省の「広報アドバイザー」だという事実だ。タレントやフリーアナウンサーら弘兼さんを含む8人が同省の広報アドバイザーに就任し「防衛省・自衛隊の各種広報活動にご協力いただきます」と2023年6月2日付のXで公表されている。

ミスだったのか意図的だったのかは別として「普天間基地移設に反対する運動をする人は本心で反対しているのではなく、カネをもらってやっている」という内容は、移設を推進する防衛省にとって望ましい、好ましい内容であり、まんがを使ったプロパガンダと見るのが正解だろう。

5　プロパガンダのバリエーション

メディアはマスコミに限らない

ここまでは、プロパガンダの定義を「マスメディアに載った」「情報（文字、動画、写真、イラストなどを含む）」に絞って話を進めてきた。が「広義」に取ると、プロパガンダには様々な「媒体（メディア）」がある。「多数の人が思考や感情を自分に有利な方向に持っていってくれる」目的を達するなら、メディアは何でもいいのだ。

　具体的に見ていこう。

A　建築・都市などの空間――例：記念碑、記念館、銅像、公会堂、公園、門など

巨大建造物は、為政者の権力を誇示し、その世界観を視覚的に宣伝するプロパガンダに用いられる。

「凱旋門」とは、軍事的勝利を讃え、その勝利をもたらした皇帝や将軍、国家元首が凱旋式を行うために作られる門のこと。例えば「凱旋門」というとそのまま「パリの凱旋門」を意味するほど有名な「エトワール凱旋門」（１８３６年）は、ナポレオン軍がロシア・オーストリア連合軍を破った１８０５年のアウステルリッツの戦いの勝利を喧伝するために建築された。これは古代ローマの風習に倣い、戦争の勝利をたたえ、国家・軍事指導者の権威を国民に納得させるためのものだ。

　同時期に全体主義国家を支配したソ連のスターリンとナチス・ドイツのヒトラーは、どちらも建築・都市計画が好きだった。

スターリンは「スターリン様式」と呼ばれる建築物を多数作った。「救世主ハリストス大聖堂」を爆破・解体（共産主義なので宗教は禁止）したあとに建設される予定だった「ソビエト宮殿」はその一例だ（対独戦のため中止。ソ連崩壊後2000年になって大聖堂を再建）。共産党エリートの住居として建築家ボリス・イオファンに設計させた「河岸通りのアパート」は今でもスターリン様式建築、初期の高層住宅として残されている。ヒトラーはベルリンを第三帝国の首都として大改造すべく建築家アルベルト・シュペーアを重用した。

プロパガンダ建築は、全体主義国家だけの専売特許ではない。アメリカの首都ワシントンD.C.は、フランス生まれの建築家・都市設計家ピエール・シャルル・ランファンが1791年に設計した正方形（南西部4分の1のみ欠けている）の人工都市である。約3キロの緑地帯「モール」の東西両端にリンカーン記念堂と連邦議会議事堂が一直線に配置され、中央には高さ169メートルのワシントン記念塔が屹立している。それを取り巻くようにホワイトハウス、ワシントン大聖堂、ジェファーソン記念館、ベトナム戦争戦没者慰霊碑と、ワシントンは街そのものがアメリカ民主主義の記念碑（モニュメント）といった趣だ。つまり、街そのものが「アメリカの自由と民主主義」のプロパガンダ空間になっている。

また、日本ではあまりないが、欧米では、通りや広場に政治指導者や英雄の名前をつけることがよくある。

日本では、明治維新政府がプロパガンダ建築に熱心だった。

明治維新政府とはつまり長州・薩摩を中心にした反徳川幕府の反乱勢力が組織した政府である。朝廷の威信を背景にしているとはいえ、その統治の正統性を認めない地域も、維新後、日の浅いころは多数あった。多くはかつての徳川幕府の直轄地や、奥羽越列藩同盟を組んで新政府軍（官軍）に抵抗した東北地方だった。

そうした「敵性地帯」に新政府が県令（今の県知事）を派遣すると「文明開化」を象徴するような疑似西洋建築をつくり、新政府の正統性と威信を宣伝した。酒田県、山形県、福島県など東北県令を歴任した三島通庸《みちつね》や、山梨（幕府の直轄地）県令を務めた藤村紫朗がそうだ。藤村は左右対称の建物の中央に塔を立てた構成を好み「藤村式」という名前がついた。用途は郡役所、警察署、学校などである。

当時、東京を離れた地方には、平屋の建物しかなかった。そこに、明治政府から来た三島や藤村は高層（といっても多くは2階建て）建築を作った。人々が見たことのないテラスやエントランスを備えた建築様式。「窓ガラス」というハイテク素材が使われている。「時計台」は新しい定時法を知らせた。それは地元の人々に「これが文明開化というものだ」というメッセージを放った。

「各地のひとびとの耳目を集める存在だった明治の西洋建築は、（中略）たしかに文明開化を印象づけるもっとも効果的な装置であった。郡役所、警察署、学校などは、それぞれの機能を果たす施設であると同時に、あるいはそれ以上に、そうした施設の重要性を人々に知らせるためのものであった。それらは文明開化の殿堂、いわば地方欧化政策の象徴であり、地方の鹿鳴館なのだった」
「それは公会堂であったり、郡役所、警察、学校であることを超えて、文明開化そのものであった。各地の人々がそう感じたのは、彼らが農民だったからではなく、むしろその逆に彼らがそうした建物を通じて文明開化に参加していくという意識を持っていたからである」（鈴木博之『シリーズ日本の近代　都市へ』中公文庫）

同書によると、明治維新政府の疑似西洋建築には次のような目的があった。

・新政府統治の正統性を形にして民衆に見せる。
・新政府が喧伝する「文明開化」を形にして見せる。
・その空間を民衆が利用することで「文明開化」に参加する。

一例を挙げると、当時の「文明開化建築」が広めたものは「定時法」の時刻である。定時法は、現在の時間体系で、1時間の長さは常に一定である。一方、1872年まで日本で一般に使われていた「不定時法」では、昼・夜をそれぞれ6分割して「一刻」としていた。太陽南中時の「九ツ時」（午の刻）が定時法の正午、深夜の「九ツ時」（子の刻）が定時法の午前零時に一致する以外は、季節によって、また昼夜によって「一刻」の長さは変動した。

明治維新政府は時刻を定時法に統一した。

前出の三島通庸が県令だった山形県では、県庁前に1878年に竣工した師範学校が定時法の時計台を備えていた。後に赴任する栃木県庁にも時計台があった。一人ひとりに時計が普及する以前、文明開化建築は定時法を民衆に普及させる意味があった（鈴木淳『新技術の社会誌』中公文庫)。

これは私見だが、第4章に出てくる「東日本大震災・原子力災害伝承館」を筆頭とする、福島第一原発事故被害地に国が新しく建てる「道の駅」や「小中学校」「町役場」「復興住宅」なども、明治維新の「プロパガンダとしての建築」というDNAはしっかり受け継いでいる。「文明開化」が「復興」に替わっただけである。そして「道の駅」で買い物をしたり「町役場」を利用すると、空間として「復興」を体験できるところもそっくり同じである。「藤村式」が「文明開化のショウルーム」なら「福島式」は「復興のショウルーム」といえる。

貨幣もイベントも

さらに以下のものもプロパガンダのツールとして有効である。

B 貨幣、切手、有価証券

どの国でも、国王や国家指導者の肖像が印刷されることが多い。これは貨幣・紙幣の正統性を担保するとともに、発行する政府の正統性を民衆に伝達する機能がある。

C　イベント

空軍の曲技飛行や軍楽隊のコンサート、軍事基地の一般公開、歌手や俳優の軍への慰問（訪問）は、軍のプロパガンダ・イベントとして民主主義国でも行われる。軍の人員や兵器の維持・増強のためには予算が必要であり、予算＝税金の執行には国民の賛同が必要だからだ。

軍国主義や全体主義の国では軍事パレードのような示威行動、国民の団結を見せるマスゲームもプロパガンダに使う。そこでは指導者の演説が抱き合わせで行われるのが通常だ。そのほうが指導者の権力と連想づけられる。

他には以下のようなものもプロパガンダに用いられる。

・記念日の制定
・運動週間・月間の制定
・国内・国際的なスポーツ大会
・顕彰（勲章の授与など）

D　音楽

最も分かりやすいのは「国歌」だが、「第二国歌」を制定することもある。例としてはイギリスの「希望と栄光の国」やアメリカの「ゴッド・ブレス・アメリカ」。ほかにも日本の「海ゆかば」のような「愛国歌」や、共産主義国の「革命歌」(「インターナショナル」など)「党歌」がある。戦後日本の左翼運動で流行した反戦歌、労働歌や革命歌を歌う「うたごえ運動」も音楽を使ったプロパガンダの一種である。

日本では、1999年11月12日に政府主催で行われた「平成天皇陛下(現・上皇)御在位十年記念」行事で、ロックバンド「X JAPAN」のメンバーだったYOSHIKIが「奉祝曲」(曲名「Anniversary」)をピアノで演奏した例がある。

E　旗・紋章・マーク

旗や紋章はその所属する集団のシンボルである。わかりやすい例は国旗だ。"The Rising Sun"(昇る朝日)といえば日本の国旗である「日の丸」であると同時に「日本」という国そのものを指す。家の前やクルマのバンパーステッカーに国旗を掲げることで、所属集団（国）への愛や忠誠を他者に示すことができる。

マークとして有名なのは、ナチスが党と国のシンボルとして採用した「ハーケンクロイツ」だろう。いわゆる「鉤十字」である。古くヒンドゥー教や仏教、西洋でも「幸運」の印だった。キリスト教では十字架の図案化である。現在でもナチスの象徴として忌避されている。他には、共産主義のシンボルとして「赤旗」や「鎌と槌」がある。

F　ファッション

集団独自の衣服を着ることで、対外的には、集団のイメージを定着させる。示威効果を狙う。対内的には団結力を強める。

・中国・黄巾の乱＝黄色い頭巾を頭に巻いた。
・中国・紅巾の乱＝目印として紅い布を付けた。
・イタリア・ファシスト党＝黒シャツ隊。
・ドイツ・ナチス突撃隊（ＳＡ）＝茶色開襟シャツで褐色シャツ隊と呼ばれた。

第2章　現代日本人は何に乗せられたか——成功した2例の研究

1　アメリカ流プロパガンダが日本を変えた「郵政民営化」

世耕弘成の役割

戦後の日本でもっとも成功した政治プロパガンダはなにかと問われるなら、私は小泉純一郎総理の「郵政民営化」を挙げる。

あまり表面には出て来ないのだが、この「郵政民営化」をめぐる小泉政権の「民営化法案提出→否決→解散→総選挙（自民党内反対派の切り崩し）→小泉派圧勝→可決・郵政民営化実現」という一連の動きの対世論工作には、はっきりとした戦略を描いて、その作戦を実行した人物と組織が自民党内に存在する。

２０２４年現在「パーティー券ノルマ超過分の裏金化」という、嬉しくない事件ですっかり有名になった「自民党安倍派幹部５人衆」（元参議院自民党幹事長）のひとり、世耕弘成・衆議院議員である。

２００５年の「郵政民営化解散総選挙」当時、世耕議員は１９９８年に初当選した、42歳の「若手」議員だった。その選挙での勝利と自らのＰＲ戦略の詳細を自著『プロフェッショナル広報戦略』（ゴマブックス）に書いている。ちなみに世耕氏は同書の中では「プロパガンダ」という言葉を一度も使っていない。日本語では「広報」、英語では「ＰＲ」と呼んでいる。それがプロパガンダとほぼ重なることは前章で述べた通りである。

興味深いのは、世耕弘成氏は１９９８年に伯父の地盤を受け継いで政界入りするまで、ＮＴＴの広報部員だったことだ。早稲田大学政治経済学部を卒業後、１９８６年入社。いわゆるリクルート事件で、真藤恒《ひさし》ＮＴＴ前会長が未公開株の譲渡を受けて逮捕された１９８９年前後は広報部員として報道との折衝を担当していた。

そして１９９０年にアメリカのボストン大学大学院に留学。企業広報論で修士号を取得している。その意味では、アメリカ型ＰＲのメソッドを習得した、日本では珍しい政治家なのだ。

「広報とは『プロジェクトマネージメント』である。この概念を私はボストン大学大学院の企業広報論で学んだ」

世耕氏は前掲の『プロフェッショナル広報戦略』で第一行目にはっきりと書いている。

「どんなに立派な政策だろうが、それを国民に理解してもらい支持される作業が重要なのである。そして最終的には選挙を通して与党としての信任を得なければ、政策を実現できないのだ。中身がきちんとした政策であるのは当然として、国民、社会とのコミュニケーションが政治の本質と言っても過言ではない。だからこそコミュニケーションのプロによる広報戦略が欠かせないのである」

2005年8月の「郵政民営化解散総選挙」で、世耕氏は「自民党広報本部長代理」に就任する。推挙した安倍晋三氏は幹事長代理だった。さらに幹事長補佐という肩書も得る。

小泉総理は世耕氏に直接こう指示したという（前掲書）。

「今回は広報が大切だから君がぜひやってくれ。広報はわかりやすく、やさしくやってほしい。で、オレはもう、キャッチフレーズも決めてあるんだ、武部さん（注・当時幹事長）にも話した。キャッチフレーズは『改革を止めるな。』」

世耕氏は、遊説局、情報調査局（世論調査担当）、広報局（ＣＭやポスター）、報道局（記者クラブ対応）、新聞局（党の機関紙）、マルチメディア局（ＨＰ制作）などバラバラだった自民党の宣伝部局を横断して「コミュニケーション戦略チーム」を立ち上げた。そこに党外のＰＲ会社「プラップジャパン」をスタッフに加えた。矢島尚氏が創立した、国内ＰＲ会社の草分け的存在である。

不可能を可能に

「郵政民営化」に話を戻す。

小泉政権以前「郵政民営化」は実現不可能な難題と考えられていた。「郵政事業」のうち巨大な資金を持つのは、「郵便貯金」という銀行業務と、「かんぽ」という保険業務だった。その資金の総額は350兆円（日本の国家予算は年間およそ100兆円）。この巨大な郵政資金が「財政投融資」という名目で道路公団など「特殊法人」に使われた。原則として国会の議決を経ない、官僚の決裁で使える巨大な資金だった。国会の承認が必要な国家予算が年100兆円だから、官僚はその3・5倍の財政的な力を持っていた計算になる。

この「特殊法人」は官僚の天下り先としても機能した。つまり一種の「権力内権力」として作動していた。

また、全国（特に非都市部）にネットワークを持つ「特定郵便局」は自民党の有力な支持基盤。また郵便局職員の労組は社民党の支持基盤。つまり野党だけでなく与党・自民党内にも民営化反対者が多数いた。

したがって「郵政」は官僚と政治家の利権の巣窟であり、それぞれが手を組んで、鉄壁の守りを組んでいるように見えた。その利権を崩すことなど不可能に見えた。

2001年4月、郵政民営化が持論の小泉純一郎氏が自民党総裁に就任し、小泉政権が発足する。彼は長年の持論だった郵政民営化を進めるべく関連法案を国会に提出するが、否決される。これを受けて2005年、小泉総理は、自民党内の反対を押し切って「国民の信を問う」として衆議院を解散した。俗に「郵政解散」という。

小泉総理は民営化に反対する自民党議員の選挙区に、賛成派の対立候補、俗に言う「刺客」を送り込んだ。結果、自民党は296議席を獲得する大勝をおさめ、公明党の31議席とあわせて与党で衆議院議員定数の3分の2にあたる320議席を上回る327議席を獲得した。

この結果を受けて郵政民営化法案が国会で成立する。

この流れを見ても、今一つピンと来ないのではないだろうか。郵政を民営化して行政がスリム化され、税金の無駄遣いが減ったのか。国民にどんな利益がもたらされたのか。

小泉純一郎総理にとっては長年の持論の実現であったのかもしれないが、本来、多くの国民にとって「郵政民営化」は地味な話で、さほど興味のあるテーマではなかった。

しかし、それを「国民の利益になる」と思わせることに成功した。その世論を受けて、民営化は実現した。

その立役者である世耕氏の著作には、成功したプロパガンダの定石がいくつか出てくるので実例として紹介しよう。

◆定石2　極限までシンプルにしたメッセージを反復せよ。

「郵政民営化こそ、すべての改革の本丸」

自民党の2005年の政権公約ポスターには、小泉総理の顔写真とともにこのメッセージがある。

ここにはなんの説明もない。「なぜ郵政を民営化することが、すべての改革の本丸なのか」という疑問への答えは提示されていない。最初から「郵政民営化イコール改革の主戦場なのだ」と、既知の事実であるかのように述べている。

よく考えると、これはおかしい。本来はその理由やメリット（あるいはデメリット）を説明するのが政治家の責任のはずである。しかし、それを本書のように詳述しようとするとややこしい。簡単には覚えきれないし、皆が理解できるかどうか怪しい。有権者の投票行動に直接作用しない。

だからこそ、この「郵政民営化こそ、すべての改革の本丸」というコピーは、プロパガンダとして大正解なのである。理由や論理はすべて省いてある。最初から「そうなのだ」と結論を決めて、それしか書いていない。「極限までシンプル」になっている。

前述の小泉総理自ら決めたという選挙キャッチフレーズ「改革を止めるな。」も繰り返しポスターやCMで使われた。

これもよく考えると不思議な言葉だ。自民党は本来、保守政党であり「革新」「改革」側ではないはずだ。むしろ自民党内の多数派は利権の温存を望み郵政民営化に反対していた。だからこそ、民営化法案は一度国会で否決されたのだ。

その自民党が「改革を止めるな。」というのは、主語がおかしい。これまで改革を止めていたのが自民党である。

しかし、自民党内で少数派だった小泉総理が、自民党多数派を飛び越して、国民に直接語りかける言葉としては、回りくどい説明は一切省いてしまった方がよい。「あれ？　自民党って改革政党だっけ？」と読む人が考える隙すら与えないのがよい。情報の受け手が「何となく、そう思ってしまう」ことが重要なのだ。これも「極限までシンプル」なメッセージの効用として、プロパガンダの王道である。

なぜ「極限までシンプルなメッセージの反復」が有効なのか。それは「郵政民営化こそ、すべての改革の本丸」や「改革を止めるな。」のような「論理的説明」を飛ばした

「言葉の断片」を絶え間なく浴びせ続けられると、人間はその意味がわからないために、考えることをやめてしまうからだ。「なぜ、そうなるのか」「どうしてなのか」という発問をやめてしまう。

そしてやがて意味がわからないまま「郵政を民営化すれば、すべてが改革される」「自民党こそ改革政党」と「何となく」そう思ってしまう。この「何となく、そう思ってしまう」の「何となく」こそが、プロパガンダ側が一番ほしい部分なのだ。「何となく」とは「深く考えることがないまま」「意味がわからないまま」しかし「そう考えるように誘導されている」という意味だからだ。

「民衆の大半は頭があまり良くない」

ヒトラーの著作『わが闘争』には、「民衆の大半は頭があまり良くないので、簡単に嚙み砕いて、簡単にしたメッセージを繰り返し何度も何度も流しなさい」とある。

「民衆の圧倒的多数は、冷静な熟慮よりもむしろ感情的な感じで考え方や行動を決める（中略）。しかしこの感情は複雑でなく、非常に単純で閉鎖的である。この場合繊細さは存在せず、肯定か否定か、愛か憎か、正か不正か、真か偽かであり、決して半分はそうで半分は違うとか、あるいは一部分はそうだがなどということはない」（前掲書より）

要するに「大衆は感情的である。白か黒かしかわからない。中間的なこと、曖昧なこと、複雑なことを理解する繊細さがない」とミもフタもなく言っている。

そしてプロパガンダは、その大衆をターゲットにすべしと説く。

「宣伝はすべて大衆的であるべきであり、その知的水準は、宣伝が目ざすべきものの中で最低級のものがわかる程度に調整すべきである。それゆえ獲得すべき大衆の人数が多くなればなるほど、純粋の知的高度はますます低くしなければならない。しかし戦争貫徹のための宣伝のときのように、全民衆を効果圏に引き入れることが問題になるときには、知的に高い前提を避けるという注意は、いくらしても十分すぎるということはない」

「大衆の受容能力は非常に限られており、理解力は小さいが、そのかわりに忘却力は大きい。この事実からすべて効果的な宣伝は、重点をうんと制限して、そしてこれをスローガンのように利用し、そのことばによって、目的としたものが最後の一人にまで思いうかべることができるように継続的に行なわなければならない」

するとプロパガンダがなすべきことは自然に決まってくる。

「宣伝は短く制限し、これをたえず繰返すべきである」
「大衆の鈍重さのために(中略)最も簡単な概念を何千回もくりかえすことだけが、けっきょく覚えさせることができるのである」

教育がナチスを躍進させた

ここで、第1章で述べた識字率とプロパガンダの関係を思い出して欲しい。ドイツで普通教育が制度として完成するのは1872年のことだ。ヒトラーがミュンヘン一揆を起こした1923年はそれから約50年後であり、普通教育を受けた第1世代は50歳代だ。社会のほとんどが字を読める状態にあった(政権奪取前のナチスの宣伝媒体はビラやチラシ、ポスターである)。
日米欧で19世紀後半に普及した普通教育の成果として、1920年代に識字率はほぼ

１００％に近づいた。字の読める新しい層に向けた商品として、新聞や雑誌などの印刷マスメディアが出現し、商業的成功を収めた。

日本でも、１９１０〜20年代は「大正デモクラシー」期である。政治・経済・文化では「民本主義」（主権者が天皇か国民かをあえて問わず、主権者は一般人民の利福・意向を重んずる）や自由主義的な運動や思想が盛んになった。日本で新聞が爆発的に普及するきっかけになったのは１９２３年の関東大震災である。

そうして出現した新しい社会グループ「大衆」は、それまでの知識階級を困惑させていた。例えば、同じころの１９３０年、スペインの哲学者ホセ・オルテガ・イ・ガセットが出版した『大衆の反逆』（日本語訳は岩波文庫など）という本がある。

オルテガは、父親は新聞記者という典型的な知的エリート階層だった。その彼は、新しく登場した「大衆」という集団を批判的に捉えている。オルテガによると大衆は、以下の特徴を持つ存在である。

・自主的に判断・行動する主体性を持たない。
・他人と同じことを苦痛に思うどころか快感を抱く。

・自分の利害や好み、欲望だけをめぐって思考・行動をする。
・自分の行動になんら責任を負わない。
・自らの欲望や権利のみを主張する。
・義務を持っているなどとは考えもしない。みずからに義務を課す高貴さに欠ける。
・社会の支配権を握り、社会の非道徳化と文明の衰退を招いている。

断っておくが、オルテガはファシストではない。むしろ当時のスペインのファシスト政権・フランコ将軍と対立し続けた、保守的自由主義者である。ところがこの「大衆の知性は低い」という観察において、オルテガとヒトラーは奇妙に一致するのだ。

ヒトラーは『わが闘争』の中で「イギリス人やアメリカ人の（第一次世界大戦の）戦時宣伝は心理的に正しかった」「天才的だった」と絶賛している。これが第1章で触れたエドワード・バーネイズらの仕事への、ヒトラーの賛辞である。そして、すでに述べた通り、皮肉にもバーネイズはユダヤ人だった。

二者択一というトリック

◆定石3　イエスかノーか二者択一を迫れ。

話を郵政民営化に戻そう。世耕氏は次のように言う。

「今回の自民党は、郵政民営化にイエスかノーかを訴え続けることで、総選挙の勝利を呼び込むことに成功した（略）。

総選挙の最大の争点は郵政民営化。それを国民に問いかける際の訴えは『シンプルに』を徹底した。

『郵政民営化にイエスかノーか』

『改革にイエスかノーか』

さらには『小泉か岡田（克也・民主党代表）か』というわかりやすい問いかけを用意した」（世耕前掲書）

こうした「イエスかノーか」という二者択一の問いを投げかけ続け、自分に有利な方向へ多数の思考を導いていくプロパガンダ手法を、石田英敬・東大名誉教授（メディア情報論）は「二進法アルゴリズム」と名付けている（前掲『心脳コントロール社会』）。「二進法」には「0」か「1」しかない。イエスかノーかの二者択一に答えていくと、アルゴリズム（演算式）に従ってコンピュータが答えを出すように、設問者の望む方向に思考が自然に誘導されていく。

回答者は「自分で考えている」ように錯覚しているが、実は考えていない。設問者が敷いたレールの上を誘導されているだけである。これは世論調査やアンケートなどで、回答を設問者の望む方向に誘導するときに使われるテクニックである。

この「二者択一思考」を世耕氏は次のように表現している。

「国民にわかりやすい争点を提示する。これは小泉総理が語った『わかりやすくてやさしい』という選挙戦略に叶った（原文ママ）ものである」

どこまで意識的だったのかはわからないが、世耕氏率いる自民党のＰＲチームは「わかりやすい争点の提示」という名目で前記「二者択一思考」をプロパガンダとして有権者に投げかけた。そして「解散後の総選挙で圧勝→郵政民営化」という結果を実現した。つまり世論の誘導に成功した。

こうした思考の誘導「マインド・マネージメント」がビジネススクールなどのカリキュラムに普通に組み入れられていることを思い出してほしい。ボストン大学で企業広報論の修士課程を終えた世耕氏は、そこで学んだノウハウを生かしたと見るのが自然だ。

2　「望月衣塑子記者」というリアリティ・ショー

優秀な調査報道記者だった

一般の間で東京新聞（中日新聞東京本社）の望月衣塑子記者が名前や顔を知られるようになったのは、望月記者が安倍晋三政権下、菅義偉《すがよしひで》官房長官の首相官邸会見に参加するようになった２０１７年６月６日以降のことである。

私が望月記者に注目したのは、それ以前のことだった。その著作『武器輸出と日本企業』（角川新書）を２０１６年７月に発売されると同時に買って読んだ。私はコロンビア大学院での専攻が国際安全保障論であり、特に核戦略を中心にした軍事論を定点観測の場にしている。そんな関係で軍事を扱った本には目を通すようにしていた。彼女の著作は、日本企業が武器製造や輸出にどう関わっているのか、一冊を費やして述べた内容で、これまでに明るみに出たことのない「日本の軍需産業」の全容を描くことに成功している。

一読して、優れた調査報道だと思った。「調査報道」のもっとも重要な構成要件は「その記者が能動的に調べなければ読者に知られることがなかった事実が述べてあること」だ。その記者が調査の主体なのだから、当然、他社の新聞やテレビには出ていない。その意味で「特ダネ」「スクープ」であることはもちろん、政府や企業が先に発表したり、記者会見で明らかにしたりすることは決してない（誰かが秘密を取材に来たあと政府や企業が発表して特ダネで大きくなるのを潰すことはある）。というより、それは調査報道の定義に矛盾する。

私は望月記者をそうした調査報道の名手だと思っていたので、菅義偉官房長官の首相官邸会見に参加し、大胆かつ直接的な質問で記者自身が注目を浴びるようになったことを、非常に奇異に感じた。調査報道のあり方とは矛盾するからだ。

なぜなら、官房長官会見で百万回質問しても、調査報道で明らかになるような特ダネが出てくることはないからだ。理由は簡単で、記者会見には他社の記者がいて、質問の内容を聞いているからだ。

もしある記者が特ダネを握っていて、書く前に記者会見でそれを質問したら、他の記者は「あいつは特ダネを書こうとしている」と察知する。一社にだけ特ダネを書かれては困る（競争に負ける）ので、ただちに後追い取材を始める。その時点で、特ダネは特ダネでなくなる。

自分の特ダネをわざわざ潰してしまう馬鹿な記者はいない。特ダネであればあるほど、記者会見では聞かない。一社だけ単独で取材を申し込む。それは報道を業務とした経験がある人間なら当たり前のこととして理解しているはずだ。

だから望月記者が毎日官邸会見に出席し（官房長官会見は平日の午前と午後２回）記者会見での質疑が日常業務のようになっているのを見たとき、「東京新聞は何ともったいない人材の浪費をするのだ」と嘆いた。「この人事配置は誤りだ」とXで東京新聞を批判したこともある。会見での質問に時間を費やす限り、望月記者から『武器輸出と日本企業』で書いたような調査報道は出てこないことがわかっているからだ。実際にぱたりと出てこなくなった。

また望月記者自身が『文春オンライン』などに顔を出してインタビューで登場するのを見て、調査報道記者としては廃業するのかと思った。顔を知られていない取材者の方が調査報道には有利だからだ。

望月記者を官邸会見に配置した理由が知りたかったので、東京新聞に直接メールを出して聞いてみた。飯田孝幸・編集局次長名で次のような返答があった。

「望月記者に限らず弊紙の個々の記者の配置、取材活動などに関して社としての考え方などを対外的に説明することは原則、難しいと考えております」

望月記者は首相官邸を担当する政治部ではなく、検察・警察などを担当する社会部に籍を置いたまま会見に参加している。それは「会社の命令」によるのではなく「自発的な意思」によるという。

東京新聞社内が彼女の「官邸会見取材」をどう見ているのか、という問いに対して、望月記者はこう答えている。

「うちはわりと政治部と社会部の垣根が低いんです。『質問しにいっていいですか?』って聞いたら、『いいよ』と。でも、こんなことになるとは思っていなかったと思います。ご迷惑も多々かけていると思いますが、これだけ官邸や政権が、国民に対して、隠し事や改ざんまがいのことを続けている限りは、疑念をぶつけないわけにはいきません。読者の方から数多くの応援メッセージが来たり、購読者が増えたり、会社にとっても良い面もあるようで、批判があっても『頑張ってこい！』と背中を押してくれるのはとても有り難いことで、会社には大変感謝しています」（２０１７年８月12日付『文春オンライン』）

私も朝日新聞という「会社組織の記者」だったから右の回答には首肯できる部分がある。そして気になるのは、望月記者がＯＫを取った「上司」は誰か、だ。

私が所属していた朝日新聞社なら、直属の社会部長、官邸を担当する政治部長、そして両者の上司である編集局長あるいは次長である。

望月記者が官邸会見に参加し始めた２０１７年６月当時、東京新聞の編集局次長は、前職が政治部長だった高田昌也氏である（同年12月に定年、編集委員）。同氏がＯＫすれば政治部から異論は出ない。

この高田氏がキーパーソンなのだが、そのバックグラウンドは後ほど詳しく述べる。

「反アベ」のヒロインとして

特ダネが出て来なくなる一方で、望月記者自身の知名度はぐんぐん上がった。これは望月記者と菅義偉官房長官の激しいやりとりが、テレビニュースや動画でインターネット上に流れ、安倍政権に不満を持つ層の拍手喝采を呼んだからである。

「新聞記者の存在がこれほど注目を集めたことが近年、あっただろうか」

自らも長年毎日新聞記者を務め、新聞労連ジャーナリズム大賞選考委員の臺宏士《だいひろし》氏は著書『報道圧力　官邸VS望月衣塑子』（緑風出版）でそう記している。

同書は望月記者をめぐる動きと評価がうまく要約されているので、少し長いが引用する。

「毎週末のように開かれる講演会は政治家をしのぐ盛況ぶりで、著書の『新聞記者』は版を重ね、ついには同名の映画『新聞記者』（藤井道人監督）が制作されて二〇一九年六月に劇場公開されるまでになった（第四三回日本アカデミー賞で、作品賞、主演男優賞、主演女優賞の三部門で最優秀賞を受賞）。記者を追いかけたドキュメンタリー『i－新聞記者ドキュメントー』も一九年一一月に公開された（『第九三回キネマ旬報ベスト・テン』の文化映画ベスト・テン第一位）。言わずもがなであるが、東京新聞社会部の望月衣塑子《いそこ》記者のことである。『令和おじさん』として知名度を上げて一躍、ポスト安倍の一角に躍り出たとも言われた菅義偉・内閣官房長官の記者会見で、歯に衣着せぬ物言いで質問をぶつけ続けている。（略）

その一方で、望月記者の質問内容をめぐって、東京新聞（中日新聞東京本社）は、首相官邸から何度も抗議の申し入れを受けていた。その件数は、二〇一七年六月六日に望月記者が初めて官房長官会見に出席し、三カ月ほど後の九月一日に最初の申し入れがあってから、一九年一月二一日までの一年半ほどの間で九件にも上っていた」

ここからわかることは、望月記者の一連の活動は「効果的なプロパガンダには物語がある」という前出の定石にぴったりフィットしていることだ。

妙な誤解を封じるためにお断りしておくが、私は「望月記者が自分や東京新聞の宣伝のために官邸会見に参加した」と考えているわけではない。ここでは真実の判断を留保する。望月記者の説明ではそうではない（他人の頭の中を見通す超能力は私にはない）。

東京新聞は人事配置の理由を説明しないと言っている。

人気コンテンツと化した官邸会見

望月記者本人の意思は別にして、望月記者と菅官房長官らの官邸会見でのやりとりは、テレビやネット媒体の格好の動画コンテンツとなった。官邸会見そのものが「劇」「ドラマ」に変貌した。その観客はスマホやテレビを見る大衆である。俗にいう「劇場化」である。

望月記者の官邸会見取材は、人気コンテンツになった。それはこの官邸会見が「物語」の要件を非常にうまく満たしていたからだ。

【舞台】内閣官房長官の記者会見——内閣官房長官は、国政を国民に説明することが仕事の「国政のスポークスマン」である。内閣という権力の中枢に質問をできる「窓口」でもある。しかしそこには国民誰もが自由に参加できるわけではない。その「知る権利の代理人」として「内閣記者会」に所属する新聞・テレビ・通信社の記者がいる。

【登場人物】望月記者と菅官房長官——安倍政権は戦後最大の保守・反動的な内閣とし

てリベラル側の批判を浴びている。それを擬人化したような悪人顔の菅義偉官房長官。無骨な語り口。きめ細やかなカスタマー対応に慣れた現代大衆には「ぶっきらぼう」「愛想がない」「不親切でわかりにくい」と映る。

それに挑戦するのが、望月衣塑子記者。母親であり妻。40歳代女性（新聞の読者層としては最若年）。既婚。夫は同業者。読者が同一視しやすい「普通さ」を持っている。

慶應義塾大学法学部卒業。新聞のなかでは「東大卒」「エリート」の匂いが強い朝日、読売、日経ではなく、部数で後塵を拝し「挑戦者」の立場にある東京新聞の記者。嫉妬を買わない程度に非エリート。しかし、憧憬を消すことがない程度に偏差値秀才である。東京生まれ、東京育ちの都会人。

小学校時代は児童劇団でミュージカルをやっていた、愛らしさを残した外見。しかし強い嫉妬を買うほどの女子アナ・モデル型美人ではない。

つまり外見・経歴とも見事に「中間的」なのだ。最上でも最下でもない。「普通の人」に見える。誰でも自己投影しやすい。

序章で「有効な物語の主人公は、子ども・女性・動物」と指摘した。これは現代日本社会の主流層が「成人男性」だからだ。その層が見て「好ましい」キャラクターが、プロパガンダとしては有効である。望月記者はこれにぴったり当てはまる。

また望月記者が対峙する菅官房長官が、その主流階層である成人・男性であることも、物語性を高めている。「庶民にもわかりやすい言葉」で質問を繰り出す望月記者に対して、菅氏の答えは「杓子定規《しゃくし》」「官僚的」「ぶっきらぼう」「乱暴」ときに「敵対的」ですらある。それは「昭和世代」「旧来型」「守旧派」「前例墨守」「権力的」「男権的」といったマイナスのイメージに結びついている。

またビジュアルとしても、ラフでカラフルなシャツに簡素なジャケットの女性（望月記者）と冷暗色のスーツ・地味なネクタイの男性（菅長官）は、それぞれ「リベラル」「保守」側の価値観を具現しかつ好対照を描いている。

こうした望月vs.菅の組み合わせは、大衆にとって「わかりやすい対称」の構図である。それが証拠に、後に官房長官が、ソフトなイメージの加藤勝信氏に交代すると、この対称性は崩れた。望月記者も官邸会見に姿を見せなくなった。

権力に忖度しすぎて沈滞した記者クラブ系マスコミ。それを打破して国民の知る権利を代行しようとする望月記者。権力側はそれを妨害してできるだけ隠そうとする。会見を舞台に彼女は闘いを続ける——偶然なのか意図的なのかの判断は別にして、ここにはプロパガンダとしては絶好の「物語」がある。

わかりやすい「勧善懲悪」は受ける

日本の大衆は「権力者は隠れて悪いことをする」という物語が好きである。それを内部告発者や記者など「庶民」に近い非権力者が暴き、正す物語が大好きだ。「権力者vs.庶民」の上に「勧善懲悪《かんぜんちょうあく》」という二つの物語が重なっている。ここでは「権力＝悪」「庶民＝善」の構図が自動的に設定されている。

こうした「ファンタジー」が「時代劇」の体裁をまとうと「水戸黄門」「遠山の金さん」「暴れん坊将軍」といった一連の人気テレビドラマになる。

物語構造はどれもだいたい同じ。「悪代官」や「悪徳商人」といった政治・経済権力者が不正を働こうとする。庶民が犠牲になる。それを庶民に近い権力者が正して善政を行い、悪を罰して庶民を救う。ここにあるのは「庶民と交わり、庶民に感覚が近い人間が政《まつりごと》を行えば、不正は正される」という発想だ。

「庶民＝善・権力＝悪」という単純な構造だけではない。悪政を修正するのは、庶民（民衆）ではなく、あくまで権力者（水戸のご隠居や金さん）の仕事なのだ。

急増する露出と著書

これは、あくまで民衆（刑事、弁護士、兵士、記者、探偵など）が政府や大企業の悪を正す欧米型民主主義社会の映画やドラマの物語構造とは、発想が異質である。こうした民衆の代表が政治・経済権力の不正を正す発想を「アマチュアリズム」という。

反対に、中国や韓国など東アジアのドラマや映画にはこうした「庶民ではない、良き権力者（王、将軍、知将など）が政を改める」という物語構造がよく見られる。おそらく儒教の「君子政治」（全き人格者＝君子が行うと政は良くなる）がルーツなのだろうと私は想像している。そして「君子政治の物語」と呼んでいる。「アマチュアリズム」に対してこちらは「エリーティズム」である。

現代日本の大衆の観点でいえば、新聞記者は庶民ではなく権力者側にいる。受験競争を勝ち抜いて偏差値上位大学を出た。難関の入社試験に勝ち残った。正規雇用者。つまり「選ばれし者」であり、何もない「庶民」ではない。庶民にすれば「新聞記者」も「官房長官」も「雲の上の人」である。より庶民に感覚が近いほうが政を正してくれれば、それで用は足りる。精神的に安定する。

官邸会見でのやりとりが劇場化され、人気コンテンツになって以降は、望月記者をめぐる動きは急激にプロパガンダ性を帯びていく。

前述の臺記者の記述では、望月記者の著作が映画化される、その密着ドキュメンタリーがまた映画になる、講演会が盛況であることなどが望月記者の業績となっている。「新聞記者の存在がこれほど注目を集めたことが近年、あっただろうか」――そう誇らしげに臺記者は書くのだが、同じ記者である私は、何が良いのか、さっぱり理解できない。報道記者の業績は、すべからく「どんな事実を読者に知らせたか」だけで判断されるべきだからだ。「こんな事実が明るみに出たら、困る」という事実を読者に知らせることこそが、記者が権力者に与えることのできる最大の痛撃である。記者が注目されても権力者は痛くも痒くもない。

記事を書いた記者がどんな顔だとか、有名かどうかとか、ジャーナリズムの原則からすれば、まったく無意味である。性別すら意味がない。

さて2024年5月現在「アマゾン」内で「望月衣塑子」を入力、検索すると、単著・共著合わせて書籍が42件もヒットする。その多くが望月記者自身の顔が写った表紙や帯をまとっている。

つまり望月記者が有名になったのは、彼女が報じたニュースの内容のおかげではない。菅官房長官と記者会見の場で攻防を繰り広げるという「取材のやり方」が可視化・劇場化されたからである。

Facebookには「東京新聞望月衣塑子記者と歩む会」というコミュニティが立ち上がり、主に「リベラルびいき」「自民党嫌い」「安倍晋三総理嫌い」の中高年男性で賑わった。最高時1万8090人のメンバーがいたが、Facebookが閉鎖した。続いて立ち上がった「東京新聞望月衣塑子記者と歩む会で出逢った人たちの会」というコミュニティには、2024年5月現在も2万2000人が参加している。やはり主力は中高年男性である。

奇妙な映画『新聞記者』

望月記者の知名度がピークに達するのは、その著作『新聞記者』を原案にした同名映画(藤井道人監督)が、2019年6月に公開されたときである(2022年1月には、米倉涼子主演のドラマ版がNetflixで配信された)。

私はもともと映画ファンだ。まして自分の職業が映画になると無関心ではいられない。

公開と同時に見に行った。そして二つの点にびっくりした。

まず公開規模である。内容的には都市部での単館上映が通常の地味な映画なのに、イオン系列のシネコンで全国に多館公開された。上映館数は全国約140館。

イオン系シネコンはショッピングセンターに隣接している。家族連れ・カップル向けの娯楽作品やアニメ映画を主に上映するので、同作のような大人向けポリティカル・サスペンスはふだんの上映作品の傾向とはかけ離れている。

言うまでもなく「イオン」は日本最大手の流通グループ企業だ。「新聞記者」はその子会社である「イオンエンターテイメント」が配給した。同社は「TOHOシネマズ」をしのぐ日本国内最多の821スクリーン数を持つ、最大の映画興行会社である。つまり映画「新聞記者」は日本最大規模の公開を実施したことになる（そのわりには興行収入は6億円と振るわなかった）。

もう一つは、フィクション映画なのに、望月記者自身がストーリーと無関係に繰り返し登場する点だ。映画を見た人は望月記者の顔を何度も見ずにはいられない仕組みになっている。私には、主演の女性記者役俳優より望月記者自身のほうが印象に残った。

なぜこんな映画が、ハリウッド大作のような全国のショッピングモールのシネコンでロードショウされたのだろう。その答えは映画冒頭にあった。「イオンエンターテイメント」というロゴが大写しになるのだ。

イオンと民主党と東京新聞

現在のイオン取締役兼・代表執行役会長・イオングループCEOである岡田元也氏は、望月記者の元上司にあたる東京新聞の高田昌也氏（前述）の実兄である。

イオン創業者・岡田卓也氏を継いだ長男が元也氏で、高田昌也氏は三男。次男は元民主党代表の岡田克也・衆議院議員である。

ここまで来て、鈍い私もやっと一つの推論に至った。映画「新聞記者」は「東京新聞」あるいは「新聞」という斜陽産業の広告（プロパガンダ）作品だと考えれば、わかりやすいと。そのプロパガンダを引っ張るキャラクターが望月記者なのだと。その映画の後押しをしているのが岡田・高田兄弟の連携なのだ、と。

映画「新聞記者」の製作（出資や宣伝）にはKADOKAWAや朝日新聞という活字（紙媒体）マスメディア企業が名前を連ねている。イオンエンターテイメントは配給だけでなく「製作」にも名前が入っている。つまり出資もするし、その分の利益をも得る立場にある。

何の広告・宣伝として機能したのかと問うなら、まずは東京新聞だ。同紙は１９６７年に中日新聞に買収されてから「中日新聞」という名古屋市を中心にした地方ブロック紙の東京本社という位置づけである。発行部数は朝刊約39万４２００部（２０２２年１～６月平均。日本ＡＢＣ協会調査）。衰えたりとはいえ、朝日や読売など全国紙５紙には遠く及ばない。

さらに衰弱が続く新聞という老マスメディア、中でもリベラル系とされる新聞のプロパガンダだったとも言えるだろう。映画の製作には朝日新聞も加わっている。反対に、保守系の読売や産経新聞はコメントすら寄せていない。

日本新聞協会の発行部数調査によると、協会加盟の日刊１１０紙（一般紙96、スポーツ紙14）の総発行部数は２０２３年10月時点で２８５９万４８６部。前年比７・３％減で減少幅は過去最大だった。

部数でみると２２５万６１４５部の減少。つまり大きめの地方紙・ブロック紙が毎年一つずつ消えている計算になる。有り体に言って、新聞業界は瀕死なのだ。

新聞がいよいよ老衰死を迎えようとしている今「ジャーナリスト」でも「報道記者」

でもなく「新聞記者」というタイトルのついた映画は「権力監視に献身する新聞記者」という、古風かつ理想主義的な記者像を描いている。

日本新聞協会の2022年11月の「従業員数・労務構成調査」によると、加盟社90社に「記者職」は1万6531人いる。この記者数のうち、官房長官との質疑応答を担当する経歴を歩む記者はほんの少数である。その意味では望月記者の取材活動はかなり恵まれた極例にすぎない。

残念ながら、こうした「権力の不正を追及する高潔な新聞記者」という理想像は、原作本を出版し、映画の製作に携わったKADOKAWAが、東京五輪の大会組織委員会理事に賄賂を渡したとして、角川歴彦《つぐひこ》会長以下幹部3人が逮捕・起訴されるという不祥事が2022年秋に発覚し、最悪の形でケチがついた。

望月記者の著作のうち映画「新聞記者」の「原案」となった同名の著作を含め、4冊が角川新書、つまりKADOKAWAから出版されている。権力犯罪を監視すると喧伝していたマスメディア企業が、贈収賄という権力犯罪に加担していた。もしそれが本当なら、お粗末すぎて話にならない（角川歴彦元会長は冤罪を主張している）。

新聞記者が主人公のリアリティ・ショー

どこから「広告・宣伝」として企画立案されたのかは、わからない。望月記者の首相官邸参加から企画のうちなのか。それとも、会見に出てみたら人気が沸騰したから広告宣伝に使える、では映画化も、ならばイオングループに持っていこう、と話が膨らんでいったのか。東京新聞は説明を拒んでいるので、私は断定する材料を持たない。

また、本書でそれを断定する必要もないと考える。

前述の外形的な事実から判断すれば、映画「新聞記者」はまごうことなきプロパガンダである。「効果的なプロパガンダ」の鉄則として「物語」があり、望月衣塑子記者という絶好のプロパガンダ・キャラクターがいる。その用意された物語では、望月記者は「権力と戦うジャンヌ・ダルク」である。

そう考えると、映画「新聞記者」をめぐる一連の動きにすんなりと説明がつき、無理なく理解できる。

もう一つ事実としてあるのは「望月記者・東京新聞」「反自民・反安倍晋三政権の論調」「映画・新聞記者」と、高田昌也・岡田克也・岡田元也という3兄弟がパラレルの関係にあるということだ。

私はそれに気づいて、非常に失望した。

不思議なことに、前掲の臺記者の著作を含め、ここで指摘した「映画『新聞記者』のバックにいる岡田・高田３兄弟」というしごく単純な事実にふれる報道を見たことがない。

何のことはない。左派・リベラル系メディアも「身内に甘い」点において、常々批判の対象にする保守系メディアや政治・経済権力者とよく似ている。「似ている」と言われるのが嫌でも、少なくとも対称型を描いているのは確かだ。

そうすると、あの望月記者の官邸会見をめぐる熱狂は一体何だったのか。

これは私見だが、望月記者と菅官房長官のやりとりを見ていて、私は「リアリティ・ショーのようだ」と感じた。首相官邸会見を舞台にした「権力者vs.記者」のよくできたリアリティ・ショーである。

そして、あの官邸会見はショーなのだと考えた方がすべてにすんなり説明がつくのだと気づいた。つまり「官邸記者会見」を劇場化して「望月衣塑子記者」と「菅義偉官房長官」という主演を実在の人物に演じさせた「リアリティ・ショー」である。

もともと現実が物語性に満ちたリアリティ・ショーなのだから「どうせなら映画化し

よう」という話が出てくる流れは極めて自然である。原作本の内容と映画のストーリーが似ても似つかないことだけが不自然だが。

私が予想したとおり、望月記者が官邸会見でいかに舌鋒《ぜっぽう》鋭く官房長官を追及しても、政権が「痛い」と思うような特ダネは一つも出なかった。安倍晋三政権も、菅義偉政権も、安泰のまま退陣した。

後に自民党のパーティー券売上の裏金化という大スキャンダルが、望月記者や東京新聞とはまったく無関係に掘り起こされ、自民党を揺さぶっている事実を考えると、やはり読者を動かすのは、記者が報じる事実そのものだけであって、記者がいくら有名になっても無意味なのだとわかる。

報道の仕事は、政権にとって痛撃となるような事実を取材で掘り起こしてくることである。そうすれば、そのメディアの評価は自動的に高まる。記者個人や新聞社の広告宣伝などする必要がない。

望月記者はむしろ後のパーティー券キックバック問題を掘り起こすような調査報道取材に投入すべきだった。東京新聞や新聞業界のプロパガンダに投入したのは人材の無駄遣いである。私が惜しむのはそうした点だ。

第3章　私たちは情報戦の最中にいる——駆使される数々の定石

1　私たちは戦時プロパガンダの時代に生きている

情報が殺し合いの道具になる

この章では、プロパガンダのもっとも先鋭的な形として「戦時プロパガンダ」の例を見ながら、プロパガンダの法則を述べていくこととする。

戦争や武力衝突は「国家や民族集団がその存亡をかけて殺し、破壊しあう」という、ある種の「究極の国際関係」である。早い話「殺し合い」なのだ。自分側が有利になるためなら、両者とも使える資源は何でも注ぎ込む。

情報もそうした資源の一つにすぎない。国内外の世論を自分に有利に誘導しようと、双方がプロパガンダを大量に放つ。

その意味で、戦時プロパガンダは「プロパガンダ」のもっともわかりやすい例だ。いまわたしたちは、2022年から本稿を書いている2024年夏の現段階までに「ウクライナ戦争」と「イスラエル・ガザ紛争」という大きな武力衝突をマスメディア上で目撃している。実例が非常に豊富である。

日本もまた、2011年3月11日に東日本大震災で壊滅的な被害を受け、更に福島第一原発事故による放射性物質汚染という「戦争に次ぐクライシス」を経験している。ゆえに「戦時プロパガンダ」に次ぐ「クライシス型プロパガンダ」（後述）を国民は多数経験している。

本論をわかりやすくするため、2024年現在の背景知識をもう少し解説しておく。

兵士個人が発信者に

前提とすべきポイントは次の5点（A～E）である。

A　歴史上前例のない情報環境下で戦時プロパガンダが展開されている

２０２２年2月に始まったウクライナ戦争、２０２３年10月に始まったガザ紛争とも、市民や兵士一人ひとりがスマホやGoPro（超小型携帯カメラ）で撮影した塹壕内や戦闘中の動画を、インターネット→ＳＮＳを通して世界の人々のスマホで見ることができる。発信者と受信者が直結されている。これは歴史上前例がない情報環境だ。両者は人類が経験したことのない情報環境で行われている武力紛争である。プロパガンダも、人類史上、前例のない姿に進化している。

何しろ「塹壕の兵士一人ひとり」「爆撃されるガザの住民一人ひとり」が動画と音声を記録し、そのままスマホで編集し、YouTubeそのほかのＳＮＳで世界に発信している。発信者と受信者は「産地直送野菜」のようにダイレクトに結ばれ、マスメディア企業という媒介者が存在しない。現場や事件への時間・距離の短さという点で、新聞・テレビといった既存マスメディアはまったく太刀打ちできない。発信者の「現場性」「当事者性」においてマスコミはスマホ・ＳＮＳに勝てない。

既存メディアでは、そういったＳＮＳ上の動画を東京やロンドン、ニューヨークの本社にいる編集者がつなぎ合わせてニュースを作る事が増えた。これでは何のために現地に「記者」という専門職がいるのかすら、わからない。既存マスメディアはすでにスマホ・SNSに敗北している。

紛争当事者であるロシア、ウクライナ、イスラエル政府、ガザのパレスチナ人組織（ハマス軍事部門）は、こうしたまったく新しい情報環境を前提にプロパガンダ合戦を繰り広げている。

つまり、2024年の現在、プロパガンダはこうした「インターネット」はもちろん「スマホ＋SNS」という情報インフラを前提に行われているということだ。第1章で触れた「第3世代」から「第3.5世代」に進化したプロパガンダと言える。

B　プロパガンダは社会のクライシス・スケールによって変化する。現在は戦時プロパガンダが展開されている

社会状況、たとえば危機の規模（クライシス・スケール）によって、プロパガンダは変化する。クライシス・スケールが小さい方から大きい方へ並べる。クライシスには自然災害や原発事故、大規模テロなど戦争以外の危機が含まれる。

平時型プロパガンダ↓プレ・クライシス型プロパガンダ↓クライシス型プロパガンダ↓戦時プロパガンダ

C　戦時プロパガンダの発信者ですら国家に限定されなくなっている

「戦時プロパガンダ」とは「ある国が戦争をしている、あるいは戦争に近い武力衝突をしているときに流すプロパガンダ」のことだ。発信主体は多くの場合、当事国の「政府」である。ここに政府の委託を受けた広告代理店、ＰＲ業者、マスメディアといった民間企業が加わる。

ところが、インターネット時代になって、市民が自主的に結成した団体や、市民一人ひとりもプロパガンダを発信できるようになった。

「政治プロパガンダ」（宣伝）か「経済プロパガンダ」（広告）の分類でいえば、戦時プロパガンダはもっとも「政治プロパガンダ」色が強い。

しかしＳＮＳ時代になって「個人発信」や「国家なのか個人なのか企業なのか、発信者不明」によるプロパガンダが増えた。多くのＳＮＳが「匿名アカウント」や「一人複数アカウントの所有」を許しているからだ。

つまりSNS時代のプロパガンダの発信者は戦時・平時を問わず、「政府」「民間企業」「私的団体」「市民」からなる4層構造になっている。

インターネットがテレビ・新聞・雑誌といったマスメディアの独占をメディア企業から奪ったように、プロパガンダの発信も政府の独占物ではなくなった。

ハイブリッド・ウォー

D　ハイブリッド・ウォーが展開されている

通常の武力・火力を使った戦闘や破壊（キネティック・ウォー）に、破壊を伴わない情報戦や心理戦（ノンキネティック・ウォー）を組み合わせた戦争を「複合戦」という。英語では"Hybrid War"（ハイブリッド・ウォー）という。

ところが日本でよく見かける誤解は「インターネット経由のハッキングやウイルス感染によって電力や通信など基幹インフラを麻痺・破壊すること＋通常の戦闘＝ハイブリッド・ウォー」だ。これは誤謬である。

ネット経由で相手のインフラを破壊するとは限らない。人間の認識や感情、思考、知識といった「精神」に働きかける。この部分だけは、メディア環境が変化しても変わらないプロパガンダの本質である。情報を発信するのも受け取るのも人間だからだ。そこには新聞やラジオ、テレビがマスメディアの主流だった時代から変わらない「プロパガンダの法則」とでも呼ぶべきものが生きている。

ハイブリッド・ウォーでは、虚偽（ディスインフォメーション）、でっち上げ、ウソのほか、認識誘導、印象操作、などありとあらゆる情報工作が行われる。「『この戦争は勝てない』と相手国民や兵士に思わせる」「戦意を削ぐ・喪失させる」など心理的な誘導も、もちろんある。相手国だけでなく「戦争を正当化する」「指導者への支持を固める」「復讐心を燃え立たせる」など自国民へのプロパガンダも、もちろんある。

実は、こういった「相手を物質的に破壊するのではなく、心理面を操作することで、戦争をせずに屈服させる方が賢いやり方」という戦略は、古代中国の軍人・孫武が書いた兵法書『孫子』（紀元前500年ごろ成立）にも「上兵は謀《ぼう》を伐《う》つ」という記述で出てくる。これは「有能な軍事指導者は、敵が戦争をする動機や理由、意欲を先につぶし、戦闘をせずに勝つ」という意味だ。心理戦・情報戦は2500年前からずっと続いている。情報（マスメディア）環境が変わったにすぎない。

E　地球が一つのムラ化してプロパガンダはますます威力が増している

特にこうした情報・心理戦が重要性を増してきたのは、紙→ラジオ→テレビ→インターネット→SNSとマスメディアが進化するにつれ、世界が一つの情報空間として統合されたせいだ。つまり2024年の現在"Global Village"が現実になりつつある。この「グローバル・ヴィレッジ」（地球村）は今ではインターネットを指す言葉になった。「グローバル・ヴィレッジ」は、元々はカナダのメディア学者マーシャル・マクルーハンが、テレビやラジオを念頭に1962年に作った言葉だ。「世界が一つの小さなムラになる」ことを意味する。より詳しく言えば「ラジオ・テレビのような電気マスメディアの普及で、コミュニケーションの障害になっていた時間と空間の限界がなくなり、地球規模で対話し生活できるようになった」という意味だ。マクルーハンが想定していたメディアは、テレビやラジオである。1980年に没したマクルーハンは、インターネットまでは想定していない。

しかし1990年代に入ってインターネットが普及し、2010年代以後、SNSとスマホがマスメディアの基本インフラになってからは、世界のムラ化はいっそう深化している。

「世界が一つの情報空間に統合された」ということは、世界のどこか片隅で起きた、まったく知らない国のプロパガンダ合戦に、日本人の我々がある日突然巻き込まれる可能性も高くなるということだ。例えば、ウクライナ戦争が始まるまで、ウクライナ・ロシア関係をフォローしていた日本人は一体何人いただろうか。ウクライナの位置すら知らない人が大半だったのではないか。ガザにしても、Xをみていると、それが「国」なのだと誤解している日本人がけっこういて驚いた（本当はイスラエルが戦争で占領した一地域）。そんな地球のどこか片隅での戦闘やテロの生々しい動画が、あなたのスマホに突然飛び込んでくる。そんなケースは増えこそすれ、減ることはあるまい。

グローバル・ヴィレッジでのプロパガンダは「国内世論」を飛び越えて「国際世論」もその対象にするようになった。侵略された側のウクライナのゼレンスキー大統領が、世界の議会でインターネット演説をしたり、ロシア軍のチェルノブイリ原発占拠の危険性をネット動画で発信したりするのは、国際世論を自国に有利に誘導したいからである。

それによって国際世論はロシアに圧力をかけようとする。経済制裁や、国際連合での決議などがその結果に該当する。ガザ紛争でも、国際世論は非戦闘員の殺戮を止めようと国連やマスメディアを通じてイスラエル政府に圧力をかけている。

前置きが長くなった。ここから実例研究の本論に入る。

2　プーチンは自ら設定したステージで演技を続ける

電撃訪問の読み解き方

ケーススタディとして、「プーチン大統領のマリウポリ訪問」を見てみよう。ロシア国営放送が2023年3月19日に「ロシアのプーチン大統領がかつてのウクライナ領マリウポリを電撃訪問した」というニュースを流した。

マリウポリは、今回のロシアとウクライナの戦争でシンボル的な存在の都市となった。戦争開始後、約43万人の住民のうち約35万人が市外へ避難。2022年2月から5月までの市街戦で約2万2000人の非戦闘員が犠牲になった。ウクライナ時代の市当局によると、ロシア軍の無差別爆撃で建物の80～90％が破壊された。最終的には5月20日にロシア軍が同市の制圧を宣言。ウクライナ軍も「軍事作戦の終了」を宣言して撤退。

ここで論じたいのは、そのロシア軍が平定した街を「大統領が予告なしに訪問した」というニュースだ。2022年2月のロシア軍事侵攻でウクライナ戦争が始まってから、プーチン大統領が占領地を訪問するのははじめてだった。

言うまでもなく、このプーチン大統領のマリウポリ訪問は、マリウポリを陥落（訪問段階では戦闘は終わっていない）させ占領を終えつつあったロシア側によって、事前に入念に計算され、脚本と進行が準備され、実行されたプロパガンダ行事である。

サブ・メッセージ解読

こうしたプロパガンダ・コンテンツには、目に見える「表面上のイメージ」と、それが運ぶ「水面下のメッセージ」（サブ・メッセージ）が必ず計算・設計のうえ用意してある。詳しく検討してみよう。

映像①ヘリで空港に到着したプーチン大統領が、自分で自動車を運転してマリウポリ市内に入る。

サブ・メッセージ①市中に狙撃兵などが隠れて残っていれば、真っ先に運転手が撃たれる。要人は普通後部座席に乗るのが定石。従って「大統領が前席で運転しても良いくらいマリウポリは安全」「ウクライナの抵抗勢力は完全に排除された」と伝えていることになる。これは「プーチン大統領はリスクを厭わない、勇気ある男らしい指導者である」「自分のことは自分でやる」というメッセージにもつながる。

映像②大統領は黒のダウンジャケット、黒のフリースジャケット、黒いズボン姿。
サブ・メッセージ②軍服やスーツと比較して庶民的な印象を与える。ラフで、リラックスした印象から「マリウポリがもはや戦闘状態にない」ことを示す。

映像③暗い中、歓迎の市民が10人ほどパラパラといて握手する。高齢者が多い。住民が「信じられない！　テレビでしか見たことがないのに」というとプーチンは「じゃあ、これから仲良くなりましょう」と返す。
サブ・メッセージ③マリウポリ市民（＝ウクライナ市民）は、ウクライナ政府の統治が去り、ロシア政府の統治が始まることを歓迎している。ロシア政府も、マリウポリ市民（ウクライナ市民）と気さくで友好的な関係を結びたいと思っている。

映像④市街戦でロシア軍に破壊された跡に建築された集合住宅を訪問、部屋を見せてもらい、キッチン前で住民と雑談をする。

サブ・メッセージ④戦争は終わり、街は復興している。ロシア政府がつくったピカピカの新しい住宅を住民は喜んでいる。ウクライナ政府の統治よりロシア政府の統治下のほうが住民は幸せである。

映像⑤滑り台などが新設された子ども公園を訪問する。公園にはなぜか木製の机が置いてあり、そこで当局者が「復興」したマリウポリの様子を写真で説明する。

サブ・メッセージ⑤ロシア政府は「子ども」や「子育て」に優しい街づくりをする。戦争は終わり、復興が進んでいる。大統領は戦後復興に深い関心がある。

映像⑥ロシア軍が爆撃で破壊した劇場を訪問する。再建された観客席のシートでくつろぐ。

サブ・メッセージ⑥劇場は芸術の場として再建されている（劇場には子ども多数を含む住民が避難していたため、数百人の非戦闘員が犠牲になったのだが、破壊された劇場はきれいに解体され、真新しい劇場が再建された。殺人現場から証拠が消されるように、殺戮と破壊を思い起こさせるものは何もない）。

発信のベストタイミング

このニュースの放送日（2023年3月19日）もまた、計算し尽くされたものだった。まず、同年3月17日、国際刑事裁判所（ＩＣＣ）がプーチン大統領に戦争犯罪（ロシアがウクライナの占領地域から子どもたちをロシア側に移送した容疑）で逮捕状を発行していた。訪問はその翌日である。

そして訪問の翌日には、中国の習近平主席がロシア・モスクワを4年ぶりに訪問し、プーチン大統領と二人だけの会談を行っている。

「マリウポリがウクライナ領のままなら、プーチン大統領はすぐにウクライナ軍に逮捕されて身柄をハーグに移されただろう。しかしマリウポリは完全にロシアの国家主権下＝ロシア領になった。だからＩＣＣの逮捕状は意味がない、プーチンを戦犯として訴追することはできない」

こうしたロシアの主張をアピールするには、絶好の機会である。そうして「軍事力による主権の移行＝占領」の成功を誇示した。ウクライナ領内であっても、ロシアが軍事的に占領したマリウポリでは、ウクライナ政府軍はもちろん、誰もプーチンを逮捕できない。「逮捕できるもんなら、やってみろ」という逮捕状への返答である。

この時、習主席のモスクワ訪問に備え、世界のマスコミがモスクワに取材を集中させていた。関心が高まっているタイミングで、重要友好国・中国の指導者に「戦犯逮捕状は効力なし」「ウクライナへの軍事侵攻はうまくいっている。間違いではなかった」ことを言外に伝える。それは世界にも発信される。

実際には、首都キエフに侵攻してゼレンスキー政権を放逐する作戦はすでに失敗しているので「計画どおり」ではない。しかしマリウポリ占領だけでもうまくいっている印象をマスメディアで広めることができれば、ウクライナ戦争全体が首尾よく運んでいるかのような印象を広めることができる。

これは国際社会だけがターゲットではない。むしろロシアの自国民にも向いている。ウクライナ戦争が順調であると印象づけることができれば、窮乏や徴兵による国民の不満を鎮めることができる。

不自然な光景

このニュース内で、戦争で破壊された建物は一切映っておらず、復興した風景ばかりが映し出されている。

市内の建物の80〜90％が破壊・損傷したという戦火の街、それもまだウクライナ軍の激しい抵抗が続いている中の映像である。なのに、破壊された建物が一切映らない。夜の訪問なので、遠景・背景は真っ暗で見えない。

映像に映るのはピカピカの新築集合住宅と劇場、児童公園だけである。よく見ると、アパートも児童公園も同じ棟の一角だ。

つまりこの国営放送が流した「ニュース」そのものが「戦闘が終わり」「復興した場所」だけを「舞台」に選んで、プーチン大統領というキャラクターを立たせ、しゃべらせた演出の産物である可能性が極めて高い。

巨大な団地なのに、先日まで敵国だった国の大統領が来て、見に来る住民が10人以下というのも少なすぎておかしい（日本なら野次馬でごった返す）。夜の巨大な団地なのに、明かりのともった部屋がほとんどない。

「テレビでしか見たことがないのに」とプーチンと言葉を交わす老人と、自室に案内する住民は同じ人物である。

これらの住民がその団地に住む「本物」である保証はどこにもない（偽物と証明することもできないが）。サクラを連れてきて、急ごしらえの「自室」を用意した可能性も否定できない。

3　「定石」が成功の鍵を握る

真実は無視しても構わない

ここまでのことから、次の「プロパガンダの定石」を読み取ることが可能だろう。

◆定石4　有利な認識を形成できれば、真実でなくてもかまわない。あるいは真実を無視してもかまわない。

「認識形成」については序章で触れた（p29）。プーチンが団地を訪問する場面でいえば、画面に映る「住民」はサクラ、俳優でかまわない。復興した団地も、その一棟だけ急ごしらえで作り、それ以外のカメラに映らない部分は全部焼け跡と瓦礫の山かもしれない。場合によっては映画撮影用のオープンセットかもしれない。

実際に「クライシス・アクター」という言葉がある。たとえば、ロシア側がやらせの住民役の俳優を用意して、テレビの取材クルーの前で「ウクライナ軍が砲撃した」と泣き叫ばせるのだ。真偽はわからない。「クライシス・アクター」が本当に存在するかどうかも定かではない。彼らの正体を確認できないからだ。またロシア側がクライシス・アクターを使うなら、ウクライナ側も使うだろうという推論も成り立つ。

プロパガンダのゴールは「真実を知らせる」ことではない。「情報を受け取る人の認識や思考を、自分に有利なように誘導すること」である。

「マリウポリはロシアが制圧した」「ウクライナ戦争はロシア有利に展開している」「ウクライナ住民もロシアの統治で幸福になった」「戦火に遭った街も復興している」などロシアにとって都合のいい認識が少しでも広まれば、それで成功なのだ。

「真実・事実を知らせる」ことが報道のゴールなら、プロパガンダのゴールは「真実でなくてもいいから、発信者に有利なように認識を誘導する」ことだから、プロパガンダと報道はベクトルの方向が正反対である。

切り取りは有効である

◆定石5 「フレーミング」を用いよ。すなわち発信者にとって都合のいい事実だけを切り取って流し、それが全体であるかのような認識を広めるべし。

前述の通り、ロシア側のニュース映像には、戦火で破壊されたマリウポリが一切映らず、新築ピカピカの建物ばかり映るせいで、マリウポリ全体が復興したかのような錯覚・印象が残る。非戦闘員だけで2万2000人が死んだ激烈な市街戦だったのに「大したことなかったんじゃないか」とすら思えてしまう。あるいはマリウポリが最初からロシア領だったかのような錯覚が見る者の印象に残る。

こういうふうに、発信者側に有利なように、現実の一部だけを額縁に入れるように切り取って見せることを「額縁化」または「フレーミング（Framing）」という。写真が趣味の人なら「表現したいものだけに絞ってカメラのファインダーに収める」という意味の「フレームワーク」という言葉を知っているに違いない。

最近、メディアの恣意的な「切り取り」については批判が集まりやすいが、意外と映像や写真のそれについては気づかない方が多い。いくつか具体的な例を示そう。

２０１７年４月８日、安倍晋三総理が福島県富岡町を訪問。名所である町内の「桜並木のトンネル」に立ち、満開のサクラを背景に立つ写真がマスコミに流れた。

私はこの写真で安倍総理が立っている場所（富岡第二中学正門前）を特定して、同じ位置に立ってみた。すると、わずか２００メートル先には、まだ原発事故による放射能汚染のため封鎖中の金属ゲートや可動式のカベ、立入禁止の標識がジグザグに走り、ちょうど総理の目線の先で、総理が立つのと同じ道路が分断されるゲートがあるのが見えた。

そこから先は汚染のために事故後６年経っても立ち入り禁止のまま。地震で崩れた民家や商店が広がっている。総理にもその現実は目に入っていただろう。

総理の表情を撮影する新聞やテレビのカメラは、事前に立ち位置が決められていた。そうした原発事故の汚染で封鎖されたまま朽ち果てている区域を背中にしてカメラを構

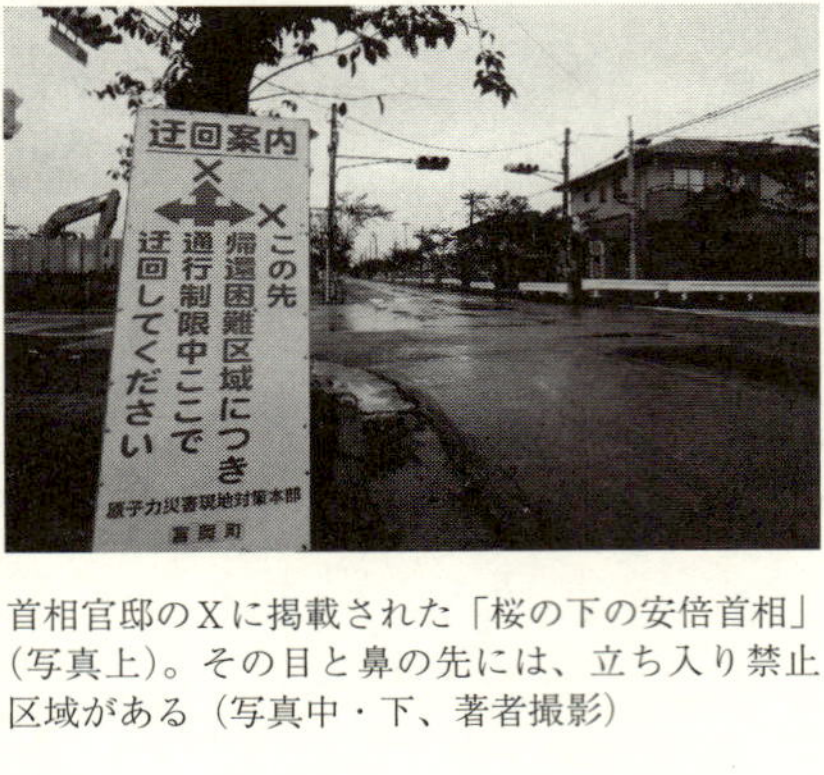

首相官邸のXに掲載された「桜の下の安倍首相」（写真上）。その目と鼻の先には、立ち入り禁止区域がある（写真中・下、著者撮影）

えることになる。そのため読者や視聴者は満開のサクラのトンネルを背景にした総理や県知事、官僚たちが微笑む姿だけを目にすることになる。

プーチンのマリウポリ訪問と同じように、復興した場所だけを切り取って写し、復興していない場所（原発事故の汚染が残る場所）は枠外に切り捨てる。無視する。マスコミに流す。これが「フレーミング」である。

消えた被災地

もう一つ、やはり福島県内の例を挙げよう。2021年3月25〜27日、東京五輪の聖火ランナーが福島第一原発事故の強制避難で数年間無人化した12市町村を走った。ランナーのコースは、市町村ごとに1か所、数百メートルずつ、時間にすると5〜30分程度しかなかった。ランナーが走るのはどこも「道の駅」「町役場」「復興団地」「小中一貫校」など、原発事故後に国が復興予算を注いで新築した小さな空間ばかりで、震災前の地元住民の生活に関係のある場所がなかった。

原発事故の汚染による避難で、当時原発から半径10キロ以内では住民の95％前後、20キロ以内では80％前後がいなくなった。双葉町では住民ゼロ。ほかも、ほぼ無人のゴーストタウンだ。そこの一角に「そこだけ復興した空間」が唐突に姿を現す。

ところが、テレビや新聞の記者たちは、地震で破壊されたまま、汚染による避難で朽ち果てた無人の街にはまったく関心を払わなかった。主催者の意図どおり、聖火ランナーの走る姿を「復興した風景」を背景に撮影して流した。

私はこの時現場で聖火ランナーとマスコミ記者たちの位置関係を見て回ったのだが、新聞・テレビのカメラマンたちは見事に荒廃した街に背を向けたままだった。そちらに関心を向ける記者もほぼゼロだった。これも「フレーミング」の例である。

ここで問題なのは、五輪組織委員会が記者の立ち位置を決めていない場所でも、マスコミは聖火ランナーにばかりカメラを向け、原発事故で荒廃した無人の街を撮影しようとはしなかったことだ。

のちにテレビで放送されたニュース映像を見ると、政府が用意した「復興空間」をランナーが走る様子ばかりが流れていた。それだけ見ていると、現場を知っている私ですら、原発事故で荒廃した12市町村が「復興」したかのような錯覚を持った。

つまり、日本の新聞・テレビといったマスコミは、政府がつくったプロパガンダを検証したり、反駁したりする姿勢がほぼ皆無である。むしろプロパガンダに従順に従う。

これは「権力の監視」というマスメディア本来の責務とは真逆であり、権力を監視する「フェイルセーフ」がないという点で、民主主義社会にとって危険ですらある。

◆定石6　ほんの少しの事実と大量のフィクションで構成するのが効果的である。

定石4と矛盾するようだが、プロパガンダは100％虚偽・虚構ではうまく作動しない。21世紀の情報受信者は「これはプロパガンダではないか」「フェイクニュースではないか」と疑う習慣が身につき始めているからだ。すべてが真実でなくても構わないのだが、真実が皆無でもダメなのだ。

特に「民主主義」を標榜する国（ロシアも公式には独裁国ではなく民主主義国ということになっている）は、国のリーダーはウソをついてはいけないことになっている。真実ゼロ虚構100％では「ウソをついた」と非難されるリスクがある。

だから、数％は必ず事実または真実でないといけない。残りはフィクションでよい。「完全な虚構だと否定されない」ように事実を混ぜておくことが重要なのだ。

マリウポリ訪問の例でいえば「プーチンがマリウポリを訪問した」ことは事実なので

ある。モスクワ近くに撮影用セットを作った「にせマリウポリ」訪問ではない。

◆定石7　自分の失敗や相手側の成功はできるだけ重要性が小さいように扱え（あるいは自分の失敗は、相手側がやったことにする）。反対に自分の成功はできるだけ大きく扱え。

例えば、先のマリウポリの劇場の爆撃では、ロシア側は「アゾフ大隊（ウクライナの極右民兵組織）が劇場を爆破した」という声明を出した。本来、これは定石6から逆効果である。アゾフ大隊の犯行というエビデンス（根拠）が何ら示されなかったからだ。しかし一方で、これは「自分がやった失敗は敵がやったことにする」というプロパガンダの法則には則っていると言える。

悪い記憶を薄めるために

◆定石8　記憶の上書きをせよ。

プーチン大統領は再建された劇場を訪ね、その座席でくつろいで見せ「なかなか快適だね」とつぶやく。解体からわずか3ヶ月で重厚な劇場を再建できたのか、それとも別の場所なのか、ロシア側の流した映像からははっきりしない。

しかし、見る人々の認識には、真新しい「復興した劇場」がより強い記憶として残る。人間は、古い記憶より新しい記憶をより鮮明に思い出すからだ。人々の記憶は「ロシア軍の残虐な無差別爆撃で子ども含む数百人が死んだ劇場」から「復興してプーチンが訪れた劇場」に「上書き」される。特にロシア国内ではそうなるだろう。

もちろん、人々の記憶には古い記憶と新しい記憶が併存する。ここでは便宜的に「上書き」と呼ぶが、コンピュータのファイルを上書きするように、古い方のファイル（記憶）が消去されてしまうわけではない。しかし、新しい記憶によって古い記憶の印象が薄まる。それでプロパガンダは役割を果たす。

加えて、破壊の現場そのものが解体撤去されてしまうと、人はそこに何があったのか、何が起きたのかを思い出すのが難しくなる。「軍事施設ではない、非戦闘員の避難する場所を爆撃した」というロシアの戦争犯罪そのものの記憶が曖昧になる。

いわば犯人が犯罪の証拠を隠滅するようなものだ。やがて時間が経ち、人々の記憶はさらに曖昧になる。日本語でいえば「風化」する。ロシア軍・政府の責任を追及する動きも鈍り、曖昧なまま不問にされる。

実はこの手法は、福島第一原発事故の被害地でも現在進行形で使われている。「除染」のために、商店街や住宅街、小中学校などが片っ端から解体され、更地にされてしまうのだ。すると、元いた住人ですらそこに何があったのかわからなくなる。原発事故前の人々の生活の痕跡も消えてしまう。

そして隣接して「道の駅」「伝承館」「復興住宅団地」などが建設される。すると原発事故から「復興」したかのような錯覚が起きる。

◆定石9　現実そのものを改変・加工せよ。

ロシア軍の劇場の爆撃、非戦闘員の大量殺傷により、国際社会の非難を浴びると、占領側のロシア当局は2022年12月、劇場跡をシートで目隠しをして、瓦礫や残った部分の建物もすべて解体撤去してしまった。そして3ヶ月後に再建された劇場をプーチン大統領が訪問する映像が流れた。

プロパガンダは、マスメディア上の文言や映像など「情報」だけとは限らない。現実そのものを加工・改変したりすることもある。前記の例では「非戦闘員の大量殺傷」という戦争犯罪があった劇場そのものを解体して存在を消す。そして新しい劇場を作る。「証拠隠滅」の一種ともいえる。

原爆が投下された広島と長崎で、広島は被爆した建物を原爆ドームとして残したが、長崎はそうした遺構を残さなかった。どちらの選択が原爆投下という戦争犯罪を忘れさせないことにつながったかは明らかだろう。

分断は有効である

ここで少し話を手前に戻して、戦時・平時を問わないプロパガンダの基本的な法則を述べておく。

◆定石10　グルーピングをせよ。「われわれ」と「彼ら」を分けよ。

社会心理学の分野で「グランファルーン・テクニック」と呼ばれる定理がある。「意味のないグループを作って集団を分けても、集団に誇りをもたせれば、所属者は同一グループの所属員に好感を持つ」現象だ。イギリスの社会心理学者でブリストル大学教授のヘンリー・タジフェルが発見した。

「グランファルーン」とは、アメリカの作家カート・ヴォネガットのSF小説『猫のゆりかご』(1963年)に登場する、架空の宗教「ボコノン教」の用語だ。ヴォネガットの造語で意味はない。社会心理学では「誇りを感じさせるが、意味のない連帯」というぐらいの意味である。

タジフェルの実験では、まったく初対面の人々を、コイン投げなどランダムな方法で二つのグループに分ける。そして「クレー」「カンディンスキー」など適当な画家の名前を出し、その好みでグループを分けたと被験者に説明する。

「被験者は、研究に参加するまでは互いにアカの他人である。今まで話をしたこともないし、これからもすることはないはずである。また、被験者の行動は完全な匿名条件のもとで行われた。しかし、こうした事実にもかかわらず、意味のないラベルを共有する人びとは、あたかも親友や親類縁者であるかのように振る舞った。人びとはラベルを共有する他者に対して好意を感じただけでなく、ラベルを共有しない他者よりも望ましい性格をもっており、仕事の成績が良いと評定していた。さらに驚くべきことに、被験者はラベルを共有する集団メンバーに対して、より多くのお金や報酬を他集団と張り合うような形で分け与えた」（A・プラトカニス、E・アロンソン『プロパガンダ：広告・政治宣伝のからくりを見抜く』社会行動研究会訳・誠信書房。以下同書に依拠）

なぜ人びとは意味のないグルーピングにかくも影響を受けるのだろうか。

①「私はこの集団のメンバーだ」という知識をもつことによって、人は世界を分割し、それに意味を与えることができる。（中略）集団間の違いが誇張される一方で、同一集団のメンバー間の類似は「これがわれわれのタイプである」という固い信念によって強調される。そこで、外集団のメンバーが非人間化される。

②社会的集団は自尊心やプライドの源泉となる。（中略）集団がメンバーに与えてくれる自尊心を得るために、メンバーはその集団を防衛し、集団のシンボルや儀式や信念

を受け入れるようになる。（前掲書）

その集団に誇りを持つとき、人はグルーピングを積極的に受け入れる。理由はいろいろある。

a　集団はその所属者の「自分は何者なのか」という、人生で重要な問い「アイデンティティ」に答えを与える。

b　外集団と内集団の「差異」によってアイデンティティを容易に定義することができる。

c　集団に属することで孤独や孤立を免れる。所属コミュニティを得る。

d　集団に属することで、自分の能力や知力が増したかのような高揚感を得る。

レッテル貼り

こうしたグルーピングにおいて、集団の名称や属性、特徴を外に示す言葉が「レッテル」である。明治時代以後、オランダ語〝Letter〟の音読み外来語として日本に輸入され、使われるようになった。昭和期に入ってからは、英語"Label"からの外来語として「ラベル」と呼ばれるようになった（平凡社「世界大百科事典」）。つまり「レッテル」と「ラベル」は元の言語が異なるだけで、原義は同じである。「内容を文字に書いて容器に貼り付け、外から容易に認識できるようにする」ことだ。

特に日本語で「レッテルを貼る」といえば良い意味ではない。英語では、同じ行為を"Labeling"（ラベリング）という（以下、本書では「ラベル」「ラベリング」に揃える）。

ネトウヨ、パヨク、虎キチ

プロパガンダでは「われわれ」ではない誰かに「ネトウヨ」「ウヨ」（保守的な情報発信者への蔑称）、「パヨク」（リベラルな発信者への蔑称）などラベリングすれば、その対象者は自動的に「彼ら」になる。その所属集団は本人の意思とは関係なく決められる。英語でいえば"not one of us, but one of them"（仲間、味方ではないよそ者、部外者、非構成員）と定義される。

自分が所属する集団に自分でラベルを貼る場合は、そこには集団や自分へのプライド（誇り、自尊）が投影されているのが普通だ。たとえば「大和民族」「ムスリム」「虎キチ」（阪神タイガーズファン）、「（アイドルの）Xちゃん推し」などが該当する。

戦時プロパガンダにおいては、こうした「ラベル」は「国」「民族」「宗教」などによって自動的に決まってしまうことが多い。「われわれ」（We）と「彼ら」（They）は、作らなくてもすでに存在している、つまりレディ・メイドである。

ウクライナ戦争においては「ロシア」と「ウクライナ」。ガザ紛争においては「イスラエル人」と「ガザ（あるいはイスラエルの占領地）にいるパレスチナ人」である。「国籍」「民族」が「われわれ」と「彼ら」を区別する。戦時の場合は「われわれ＝味方」vs.「彼ら＝敵」という二分法になる。

なお、政治プロパガンダ（戦時を含む）でなくても、経済プロパガンダ（広告）でも「われわれ」と「彼ら」は区別される。「広告主P社の製品・サービスQを使うわれわれ」と「Qを使わない彼ら」である。広告では、この区別は穏健に行われるのが普通だ。広告の大半は「弊社の製品・サービスQを購入した顧客（内集団）には、ご覧のような幸福（便利さ、快適さ、美しさ、若々しさなど）がもたらされます」というメッセージでできている。

反対に、「Qを使わない外集団にはこんな不幸（不便、不快、醜さなど）が待っている」というスタイルはネガティブ広告と呼ばれる。こうした「Qを使わない彼ら」の不快や不便は、あまり露骨に見せると日本の社会文化では逆効果である。

広告やマーケティング、消費者行動を研究する世界では、こうしたラベルを「社会記号」と呼ぶ。社会記号ができると、人間の漠然とした欲望に名前が与えられる。人やモノがひとまとまりの集団・集合として認識される。

「欲望に名前がつく」ことは、企業にとっては「そこに需要があると発見する」ことに等しい。「あなたが欲しかったのはこういうものではありませんか」と消費者に提案することができる。そうやって需要が掘り起こされ、商品が開発される。

例えば「おひとりさま」という社会記号（ラベル）があれば「一緒に飲食する友達や恋人のいない寂しい女性」という負のイメージを払拭できる。飲食店は「おひとりさま歓迎」と宣伝し「おひとりさま」用のメニューを用意するだろう。「女子会」（女性だけの飲食会合）というラベルが成立すれば、居酒屋チェーンは「女子会コース」のメニューを用意する。

「売春」は「汚らわしい」「反道徳的」とされがちな行為・職業だった。が「援助交際」「パパ活」というラベルはそれを和らげた（それが良い結果をもたらしたかどうかは別として)。

また「加齢臭」というラベルが成立すると、中高年男性は「自分の体臭が他者に不快感を与える」というスティグマが存在することに気づく。それに対応しなくてはならなくなる。その結果「加齢臭対策グッズ」(塗布剤、下着など)が商品開発される。

あだ名に要注意

こうした「ラベル」「社会記号」が人物に与えられることもある。

2019年4月、官房長官として新しい元号「令和」を発表した菅義偉衆議院議員(後の総理大臣)には「令和おじさん」というラベルができた。失礼ながら、悪人顔で訥弁な菅義偉氏は、決して動画メディア向きの政治家ではない。が「令和おじさん」というラベルはそのスティグマを薄めている。

実業家の堀江貴文氏には「ホリエモン」というラベルが成立している。彼は2006年に証券取引法違反で逮捕・起訴され、2011年に最高裁で懲役2年6ヶ月の実刑判決が確定、2013年まで長野刑務所に服役した「前科一犯」なのだが、出所後も投資家・実業家、あるいはネットのインフルエンサーとして、変わらず活発に活動している。

そうした「犯罪者」というスティグマを軽減しているのは、一貫して「ホリエモン」というラベルが流通しているという面がある（本人は『たかぽん』と自称するそうだ）。反対にいえば、ある人物に何らかの「ラベル」「社会記号」がついた時は、それはプロパガンダ色を帯びていると注意して見たほうがよい。

キエフ対キーウの意味

◆定石11　言葉づかいによって「われわれ」「彼ら」を区別せよ。

平時やクライシス時のプロパガンダでは、「われわれ」（内集団）と「彼ら」（外集団）の区別がつきにくいことが多い。

この識別のために多用されるのが「ワーディング」（Wording）だ。「どんな言葉を選んでいるか」という言葉の用法で「われわれ」と「彼ら」を区別する方法である。どんな「言葉」かというのは「言語」とは限らない。「単語」「用語」「用法」など言葉そのもののレベルで「われわれ」「彼ら」を区別する。

2014年に始まる第一次・第二次ウクライナ戦争では「ウクライナ語」か「ロシア語」かが「われわれ」（内集団）と「彼ら」（外集団）を識別するワーディングに使われた。これは日本語に入って「ロシア語表記」「ウクライナ語表記」かで「親露」「親ウクライナ」がグルーピングされた。

定石10で述べたとおり、戦争では「国」という単位によって「われわれ」と「彼ら」は自動的に決まるはずである。ところが、ウクライナ戦争には特殊な事情がある。1991年に解体するまでは「ソビエト連邦」という一つの国だったという歴史だ。ウクライナでは、ロシアとの紛争が激化するまではウクライナ語とロシア語が共存する多文化社会だった。公用語、公文書としての2言語が併存していた。

独立後、ロシア語が公用語だったソ連統治時代の歴史はウクライナにとっては「彼らの歴史」になった。ロシア語は「彼らの言葉」であって「われわれの言葉」はウクライナ語である、というグルーピングが始まった。

ところが両国の間の天然ガス紛争やクリミア半島の海軍基地問題、歴史問題が悪化し、経済関係の悪化も加わって2014年に首都キエフで「マイダン革命」が起きた。親露派大統領は国外逃亡。親露的な東部2州が分離独立を宣言、内戦に突入するに至って、ウクライナ政府は急激にロシア文化の追放に傾斜する。２０１９年には国議会が「国家語としてのウクライナ語の機能保障法」を可決・施行した。

この法律は、政府・議会だけでなく、ＮＧＯ、マスメディア、学校、病院など国民生活のほぼすべてでウクライナ語の使用を義務付けた。この時、ウクライナの首都はロシア語の Kiev からウクライナ語の Kyiv に公式表記が変わった。先立ってウクライナ外務省は"Kyiv Not Kiev"というスローガンを掲げて英語圏マスメディアに表記の変更を働きかけていた。これは「ウクライナとロシアは兄弟国ではない。独立した別の国だ」というウクライナ側の「非ロシア化政策」である。「独立国としてのアイデンティティを明確にする」という「ナショナリズム政策」と言い換えてもいいだろう。

はっきり言ってしまえば「ロシア語式↓ウクライナ語式表記への転換」はウクライナ政府の「ウクライナはロシアとは別の国だ。一緒にしないでくれ」という「非ロシア化」のプロパガンダである。「ウクライナはロシアとは別の国（nation）だ」と主張する「ナショナリズム・プロパガンダ」に該当する。

念のために強調しておくが、私はそれが悪いと言っているわけではない。戦時下では、交戦当事国両方がプロパガンダを流すのは当たり前のことだ。ウクライナだけがやっているわけではない。ロシアも当然、大量のプロパガンダを流している。

ここにあるのは「ウクライナ語を話すわれわれ」と「ロシア語を話す彼ら」という分離・識別である。ウクライナ政府は「ウクライナ国民」と「ロシア国民」の間に適用したのではない。同じウクライナ国民の間に適用したのである（反対に、親露的な分離派2州は反発して、ロシア語を公用語化した）。

２０１４年に第一次ウクライナ戦争（クリミア半島のロシアによる占領と東部2州の分離独立・内戦）が始まって以降、ウクライナ政府は、地名や人名のロシア語表記をやめ、ウクライナ語表記にすることを、外国にも要求するキャンペーンを始めた。

このワーディングによる区別は、日本にも持ち込まれた。

日本のマスメディアは「ウクライナ語機能保障法」以降も、ウクライナの首都をロシア語式「キエフ」のままカタカナ表記していたが、法律施行から3年も経って、ロシアがウクライナに軍事侵攻したのを見るや、3〜4月「キーウ」に一斉に切り替えた。これは同年3月から日本政府が表記をウクライナ語式に転換したのに追従したためだ。

日本語のカタカナ表記では「キエフ」が「キーウ」になった。「チェルノブイリ」→「チョルノービリ」、「オデッサ」→「オデーサ」、「ドニエプル川」→「ドニプロ川」と書き換わっていった。はっきり言ってややこしい。

私が巻き込まれた「キーウ」論争

これに私は従わなかった。なぜなら、使い慣れた「キエフ」「チェルノブイリ」の表記のほうが読者にはわかりやすいと考えたからだ。

考えてみればおかしな話だ。日本語のカタカナで外国語を１００％正確に発音通り表記することは不可能である。日本人にとって一番身近な外国語である英語ですら"th"や"sh""v"を正確にカタカナ表記することはできない。日本語にその音声がないからだ。「キエフ」か「キーウ」かの議論でいえば、当初、在日ウクライナ大使館が日本に望んだのは、ウクライナ語の発音に忠実な表記「クィイヴ」だった。「キーウ」ではない。日本国民である私がウクライナの法律に従う義務もない。日本政府が表記をウクライナ語式に転換しても、それに従う法的義務は存在しない。「キエフ」「チェルノブイリ」などの表記でブログやＳＮＳでの発信を続けていた。

するとおもしろいことに、東京外国語大学で国際政治学を専門とするＳ教授が、Ｘ上で「本名を出して発言している親露派がいる」と私を非難していることを知った。私がウクライナ政府の指示する表記に従わないのが理由らしい。

ロシアに一度も行ったことがなく、ロシア語をろくに理解できない私がどうやったら親露派になるのか、どう考えてもわからない。そもそも私は「主権国家であるウクライナに軍事侵攻したロシアの行為は、国際法に明確に違反していて、侵略であり、絶対に容認できない」としつこく公に発言している。

あれこれ考えて思い至った。S教授は「グルーピング」「ワーディング」のプロパガンダにまんまと引っかかったのではないか。

つまり「ロシア語表記を使う日本人は親露・反ウクライナ、ウクライナ語表記を使うのは反露・親ウクライナ」という二分法思考に陥ったのだ。日本ではなぜか「侵略を受けたウクライナは何でも善／侵略したロシアは何でも悪」という現実離れした錯誤が蔓延している。

侵略行為そのものは許されないものだという私の認識はすでに述べた通りだ。が、それとウクライナの政策への評価はまったく別次元の話である。

ところが、ウクライナの経済がソ連崩壊後ずっと低迷を続けていることや、オリガルヒが国の富の半分を独占していることなどを指摘すると「お前はロシアの軍事侵攻を肯定するのか」とトンチンカンな糾弾がSNSで流れてくる。

私がロシア語表記をしているのを見たS教授は「ロシア語表記をする烏賀陽＝親露派＝軍事侵攻を肯定する悪者」というおかしな思考に陥ったようだ。

これは、ウクライナ政府のプロパガンダが日本で個人にまで浸透する、大きな効果を上げた一例である。

ネット時代になりワーディングの威力は増した

インターネットがマスメディアの中心に成長するにつれ、ワーディングはプロパガンダの重要なテクニックになってきている。検索エンジンが使えるからだ。「われわれ」「彼ら」（味方・敵）を簡単に識別できる。「われわれの言葉」を使っているのは誰か、「彼らの言葉」を使っているのは誰か、すぐに発見できる。そして、どちらがどんな比率で使われているのか、Googleで検索すれば一目瞭然である。

このワーディングによる識別は、2023年8月に始まった福島第一原発からのALPS水の海洋排水をめぐる「汚染水」「処理水」という言葉の使い分けにも応用された。政府や電力会社は、メルトダウンした原子炉から出た汚水をALPSという装置に通した後の水を「処理水」と呼んでいる。また海洋に流すことを「廃棄」「投棄」とは呼ばない。「放出」と呼ぶ。反対に、安全性に懐疑的な人たちは「汚染水」と呼ぶ（私はどちらの立場も取らないので「ＡＬＰＳ水」「海洋排水」と中立的な呼び方をしている）。

ところが２０２３年８月、野村哲郎農相は、「汚染水」という言葉を記者団の前で使った。これを岸田文雄首相は問題視し、すぐに謝罪と撤回を求めている。

これには「前置き」がある。海洋排水が始まった同年8月24日午後、外務省がXに次のような声明を流した。「＃」はハッシュタグである。

＃ＡＬＰＳ処理水の海洋放出が開始。国際社会の正確な理解と我が国の取組に対する支持を得る努力を継続し、日本産品に対する輸入規制撤廃や風評対策に全力を尽くします。最初の一滴の放出が始まったこの日から、最後の一滴の放出が終わる日まで、その責務を果たしてまいります。＃ＳＴＯＰ風評被害

「最初の一滴の放出が始まったこの日から、最後の一滴の放出が終わる日まで」という勇ましい文言に度肝を抜かれる。「最後の一兵が倒れるまで戦う」的な戦時プロパガン

ダにも似た表現である。

この外務省のポストには、ここまで述べたプロパガンダの定石10（グルーピング）、定石11（ワーディング）がきっちり入っているのにお気づきだろうか。「汚染水」ではなく「ＡＬＰＳ処理水」としたのは「ワーディング」。そして、その言葉を使うか否かはそのまま日本政府の主張を肯定する「われわれ」（内集団）と否定する「彼ら」（外集団）の区別と重なる。後者の代表が中国政府である。

ここで、野村哲郎農相が「処理水」を「汚染水」と発言したのが一大事になった理由がわかる。政府が敵視する「彼ら」のワードを使ったからなのだ。

間違っているのは彼らだ

ここでプロパガンダの次の定石が登場する。

◆定石12　「われわれ」は正しく「彼ら」は（事実において、道徳的に、科学的に、法的に、など）間違っていると主張せよ。

日本政府の公式見解が「ALPS水を海洋排水しても安全」であることは言を俟たない。安全でないと政府自身が思っているなら、それを海に捨てたら弁明の余地がない（この問題については、拙著『ALPS水・海洋排水の12のウソ』〈三和書籍〉に詳述したのでここでは立ち入らない）。

外務省ポストのサブ・メッセージはこうだ。

「ALPS水を海洋排水しても安全であることは科学的にも法律的にも正しい。にもかかわらず、排水に反対する国や個人は間違っている」

だからこそ「国際社会の正確な理解と我が国の取組に対する支持を得る努力を継続」（傍線は烏賀陽）と決意表明しているのだ。裏返せば「ALPS水を海洋排水しても安全なのに、それに反対するのは、彼らの理解が正確でないから」と言外に言っている。

その「彼ら」とは誰か。「海洋排水に反対する、外国または国内の団体・個人」と自然に導き出される。名指しは避けているが「日本産品に対する輸入規制撤廃」に全力を尽くすと具体的に表現しているから「日本産品に対する輸入規制をしている中国（及びその他の国）」である。ここで「われわれ」と「彼ら」を分離する「グルーピング」（定石10）が作動している。

「日本産品に対する輸入規制撤廃や風評対策に全力を尽くします」という文言に注意してほしい。外務省は何食わぬ顔で「輸入規制」と「風評」を並列してイコールで結んでいる。そのうえで「対策に全力を尽くします」「#ＳＴＯＰ風評被害」と結んでいる。

ここでのサブ・メッセージはこうだ。

「海洋排水に反対する団体・個人は『風評』という害を社会になしている。それを撲滅しよう」

ご丁寧にも「ＳＴＯＰ風評被害」というスローガンまで用意している。ふつう警察など政府機関が「ＳＴＯＰ～」とスローガン化する対象は「性暴力」「覚醒剤」「幼児虐待」といった「撲滅すべき社会悪」である。

つまり外務省はサブ・メッセージでこう言っている。

「彼ら（ＡＬＰＳ水の海洋排水に反対する団体・個人）は『風評』という害を社会になしている」「彼らは社会に害＝悪をなしている」「彼らは悪である。対してわれわれは善である」

すなわち、外務省のプロパガンダのサブ・メッセージでは「われわれ」と「彼ら」をグルーピングするだけでなく「彼らは害・悪をなしている」と善悪の区別にまで踏み込んでいる。

なお、ここまで書いてきた、それぞれのプロパガンダのサブ・メッセージに関する問題提起に「深読みのしすぎ」というご批判があるかもしれないので、補足しておく。

私は常々「政府や官僚、外交官の公式発言は『何を言ったか』より『何を言わなかったか』の方が重要」としつこく指摘してきた（拙著『世界標準の戦争と平和：初心者のための国際安全保障入門』悠人書院参照）。実際に、こうした「行間を読む」作業こそが情報分析者（外交官、情報分析官、ジャーナリスト、民間アナリストなど）の重要な仕事なのである。

官僚が好む仕掛け

もう一つの例として2023年2月の次世代ロケット「H3」の打上げ失敗を挙げておこう。これを文科省は「失敗ではなく中断」と言葉を言い換えて物議をかもしたことがあった。

「失敗」か「中断」なのかの議論にはここでは踏み込まない。ただし「ALPS処理水」と同様、こうした「言い換え」に批判的な意見があったのは事実である。単に「失敗のごまかし」をしているのではないか、という指摘だ。

それも間違ってはいない。官僚機構は失敗を認めることを極端に嫌う。メンツのためというより、いちど失敗すると予算や人員が削られる、組織が廃止されるという官僚機構にとっての破滅が待っているからだ。だから最後の最後まで失敗を認めない習性がある。覚えておくべきは、日本政府の官僚はこうした「グルーピング・ワード」を仕掛けておくのが好きだという点である。自分たちにとって「敵か味方か」の識別がやりやすいからだ。

イスラム国の所業を利用

◆定石13　外集団を「非人間化」「悪魔化」せよ。

前掲書『プロパガンダ』は「グルーピングの結果、外集団のメンバーが非人間化される」と警告している。非人間化は、英語で〝dehumanization〟という。

これは「外集団のメンバーを自分と同じ人間とみなさない」という意味だ。さらに

「自分たちより劣った存在と認識する」意味が加わる。そしてそれを意味する「ラベル」ができる。

外集団メンバーへの蔑視のラベリングがもっとも公然と使われるのは戦時だ。太平洋戦争中、連合軍は日本軍はじめ日本人を"Japs"または"Nips"という蔑称で呼んだ。日本側もアメリカ人やイギリス人は「鬼やケダモノ」＝「鬼畜米英」と蔑視した。アメリカ兵は「アメちゃん」「アメ公」。ロシア人は「ロスケ」である。

ベトナム戦争中、アメリカ人はベトナム人を"Charlie"、東アジア系すべてひっくるめて"Gook""Chink"と呼んだ。イラク・アフガニスタン戦争では、現地人を"Haji"と蔑称した。こうした人種蔑称は「外集団の非人間化」のラベルの典型である。

「非人間化」のもう一つの作用は、「外集団の構成員を、名前を持った個人としては考えない。集団の属性で全員を判断する」ようになることだ。

アメリカのような多民族が同居する国では、平時でも「外集団」である他民族への蔑称は多数存在する。白人が黒人を蔑視するときは"nigger"だし、黒人が白人を蔑視するときは"whitey"である。ラテン系はひっくるめて"spic"。同じ白人でもイギリス人は"limey"で、フランス人は"frog"、ドイツ人は"kraut"だ。反対にイギリス人はアメリカ人を蔑視して"Yankee""Yanks"と呼ぶ。

アフリカ系アメリカ人をniggerと呼べば、それがウィル・スミスのような才能ある俳優だろうが、タイガー・ウッズのような卓越したスポーツ選手だろうが、個人の特性は意味を失う。すべて「白人より劣った黒人という集団の一人」にすぎなくなる。

現代日本にはアメリカほどの人種多様性はない。が「外集団」を非人間化することでは同じだ。「嫌韓・反中」の発信者はネットでコリアンを「チョン」「チョーセン」、中国人を「シナ」「中華」あるいは両者併せて「在日」という蔑称のラベルで呼ぶ。そして彼らに味方する、同情的である日本人をひっくるめて「反日」とラベリングする。

日中戦争中、中国人は「チャンコロ」だったが、こちらは廃れたようだ。前述の「ネトウヨ」「パヨク」も外集団の非人間化ラベルである。この「非人間化」がさらに深化すると「悪魔化」（demonization）という現象が起きる。

2023年10月7日に始まるガザのパレスチナ人とイスラエルの武力衝突で、イスラエルのヨアヴ・ガラント国防大臣がガザの住民は"human animal"（人間の姿をしたケダモノ）だと公然と発言した。同月9日のことだ。

このあと、イスラエル軍はガザ地区への無差別な空爆や砲撃を始める。

この衝突の初期段階では「カッサム旅団（イスラム教組織ハマスの軍事部門）がいかに残虐な殺戮を働いたか」という怪情報がイスラエル政府から流されていた。それをバイデン・アメリカ大統領がスピーチで話すまでに拡散した。代表的な例は「ユダヤ人の幼児や赤ちゃんが斬首されているのが見つかった」いう怪情報だ。この残虐行為はイスラム国を想起させる。

バイデン米大統領は11日、在米ユダヤ人団体でのスピーチで「テロリストが子どもの首をはねる写真を確認するようになるとは思いもしなかった」と述べ、その情報を追認するかのような発言をした。

しかしイスラエル政府はすぐに「確認できていない」と「幼児斬首説」を否定。CNNはイスラエル政府当局者の話として「ハマスの戦闘員が斬首や他のＩＳＩＳ式の残虐行為を行った事例はあるが、犠牲者が男性か女性か、兵士か市民か、大人か子どもかは確認できていない」と報じた。結局、アメリカ政府も発言を修正せざるをえず、釈明に追い込まれた。

発信源のタル・ハインリッヒ首相府報道官やイスラエル軍の発言は、典型的な「悪魔化」のプロパガンダである。

「ハマス戦闘員は子どもを殺す戦争犯罪に手を染めている。しかも首を切るという残虐な方法を使う。その殺害方法はイスラム国と同じだ」

ここまでが表面のメッセージだ。サブ・メッセージは「ハマスは、イスラム国と同種のイスラム教狂信者の集団だ。かつ同種の凶暴で残虐な集団である」だ。

さらにサブ・メッセージを読み取れば、「子どもの首を切って殺す残虐な集団は人道や人権を理解しない。従ってそのような相手の人権を守る必要はない。残虐な報復が許される」となる。国防大臣がガザのパレスチナ人を「人間の姿をしたケダモノ」と呼んだ理由は「ケダモノに人権などない」と言いたかったからだ。この言葉通り、イスラエル軍は無差別攻撃を実行し、4万人超が犠牲になった。言うまでもなく、武装していない非戦闘員を正規軍が殺すのは国際法違反の戦争犯罪である。

だからこそ、その準備としてイスラエル側は「悪魔化のプロパガンダ」を流し、自分の戦争犯罪を正当化しようとした。

だいたい、こうした外集団の「悪魔化」メソッドは、自分側が国際法違反など何らかの非がある行為をしたとき、しようとするときに、正当化のためよく使われる。

ロシアのプーチン大統領は、ウクライナに軍事侵攻する前「ウクライナ政府はネオナチに支配されていて、ロシア系住民を虐殺している。それを救出に行く」という説明をした。軍事侵攻の理由を問われると「ウクライナの非ナチ化」と答えた。

さらに遡れば、1939年にナチス・ドイツはポーランドを侵略する際、「ポーランドがドイツ系住民を虐殺している」という悪魔化のプロパガンダを使った。

ファクトでもフェイクでもいい

◆定石14　正解を示さなくてよい。聞く人が「どちらが正しいのかわからない」と混乱すればよい。

結局、この「ハマス軍事部門が子どもを斬首して殺した」説は真偽不明のままである。しかし、イスラエル（ネタニヤフ政権）にとってはどちらでもよいのだ。

報道官という高官が発言すれば、マスメディアは報道せざるをえない。

記者が「フェイク情報によるプロパガンダかもしれない」と疑っていたとしても、完全に否定する情報を持っていなければ、無視することもできない。

ここにマスメディア側の弱点がある。政府側は真偽不明でも情報を流せる。本来、政府はウソをついてはならないのだが、現実にそんな政府は存在しない。むしろ「権力は騙し、欺《あざむ》く」（デビッド・ハルバースタム）という前提で臨むべきだろう。その真実性を検証する責任は報道側にある。

しかし、戦時のように、情報が流れる量・速度とも最大限に大きい場合、マスメディア側には政府高官の発言を報道するしか選択肢がない。政府が出した「真偽不明の情報」は検証されることなく、情報の濁流に流されて消えていく。

真偽不明でも、しばらく「ハマス軍事部門が子どもを斬首して殺した（可能性がある）」という認識がイスラエル国民、あるいは国際社会の心に広まればよい。それだけでガザへの地上侵攻や非戦闘員を含めたイスラエル軍の殺戮が正当化される。少なくとも、強硬に反対することにためらいを覚える人が増える（＝冷却効果）。罪悪感が弱くなる。

つまり、プロパガンダを流す側は「これが真実だ」と証明する必要がないし、そこにこだわる必要もない。人びとの認識を自分に有利な方向に誘導できれば、それでいいのである。そのためには、人びとは混乱したままでいい。

この手法はイスラエル軍がガザの病院を攻撃したときや、国連職員を殺傷したときにも繰り返された。「病院の地下にはハマス軍事部門の秘密基地があった」「国連職員はハマスの戦闘員だった」などの情報がイスラエル政府から出てくる。しかしこれも結局、真偽不明、真実を確定させる情報がないままになっている。

科学への懐疑も利用できる

2010年に出版された“Merchants of Doubt”（Bloomsbury Publishing PLC）という本で、ハーバード大学の科学史教授ナオミ・オレスケスとカルフォルニア州工科大学の科学史学者エリック・M・コンウェイが興味深い指摘をしている。

この本はプロパガンダに関する本ではない。が、その指摘する事実はプロパガンダと通底している。二人は「DDTの健康への被害」「喫煙と健康被害」「酸性雨の環境への影響」「オゾンホールの環境への影響」を例に、科学者間の論争の歴史を調べて、共通のパターンがあることに気づいた。

こうした論争で科学者たちの間で一定のコンセンサスができそうになると、必ず少数の科学者を自称する人や保守系シンクタンクが現れ「疑義」が投げられる。論争に決着がつきそうになる。するとまた別の自称科学者やシンクタンクが疑問を投げる。その繰り返しで「論争」が延々と続く。

オレスケスとコンウェイはこう結論づける。こうした「科学者」「シンクタンク」は「サイエンスの世界では結論が出ていない」「結論は証明されていない」「今も議論が続いている」という状態を作り出すことそのものが仕事なのだ、と。

そうした「科学者」「シンクタンク」の多くが産業界に近く、資金供与を受けている。また冷戦時代には反共主義で、アメリカ政府とも近かった。二人はそうした人びとに「疑義を売る商人」という呼び名を付けた。それが本のタイトルになっている。

ここで学べることは「どっちの言っていることが真実なのか（正しいのか）わからない」と情報受信者に思わせる行為そのものが、プロパガンダであるという事実だ。聞く人を「混乱させる」「わからなくする」ことができればプロパガンダとしては成功である。

特に自分に不利な事実が露呈しそうになったときには、最小限の「疑問」を呈するだけでよい。大衆は答えがはっきりしないもの、曖昧なもの、自分が理解できないものを嫌う。考えることをやめる。その話題に触れることそのものを避けるようになる。

結論は曖昧なままほうっておき、民衆が混乱し、迷うままにしておけばよい。すると彼らは考えるのをやめる。時間を置いて、わかりやすい答えを見せる第二のプロパガンダを出せば、あっさりとそちらに引っかかるだろう。

恐怖の強み

◆定石15　恐怖をアピールせよ。

子どものころ「早く帰ってこないと、人さらいにさらわれちゃうよ」とお母さんに脅かされた人は多いだろう。あるいは、「ご飯を早く食べないとゲーム機を取り上げる」「ピーマンを食べないとご飯抜き」などなど。簡単に言ってしまうとこれが「恐怖アピール」である。

「われわれの主張に賛同または従わないと、著しい苦痛や不利益が起きる」

そんな恐怖の感情に訴える説得手法だ。

古今東西「恐怖アピール」を得意としてきたのは宗教だ。神の言葉に従わないと地獄に落ちて永遠に火で焼かれる、戒律に反すると鬼に舌を抜かれる、血の池で溺れるなど、キリスト教にせよ東洋の民俗信仰にせよ、宗教にはサディスティックな恐怖アピールがこれでもかと出てくる。

言葉で言ってもわからない人、信心の薄い人のためには「地獄草紙」（12世紀）などビジュアル・コンテンツも動員して恐怖が植え付けられる。

興味深いことに、戦乱や貧困、飢饉などで、現世がすでに苦痛に満ちて「恐怖アピール」があまり効かないときは、宗教はくるりと反転して「苦しみのない極楽浄土に行ける」「殉教すると7人の乙女に囲まれる」などの「快楽アピール」を使い始める。

時代が下っても「恐怖アピール」は商業プロパガンダの世界でごくありふれた手法である。生命保険や自動車保険は商品そのものが恐怖アピールである。「あなたが死んだら、家族が困窮しますよ」「交通事故を起こしたら、あなたは一生巨額の賠償金を払うことになりますよ」という恐怖。それを回避するためのサービスが「保険」という商品である。

医療分野も恐怖アピールに満ちている。「歯磨きをしないと虫歯、歯周病になります」「喫煙はがん、心臓病のリスクを高めます」等々。

直近では「ワクチンを打たないと新型コロナに感染します」というのもある。

前掲書『プロパガンダ』（p162）は恐怖アピールがもっとも効果を上げる条件として、以下の4つのステップを提示している。

①人びとに強い恐怖を与える
②恐怖が生み出す脅威を克服するための具体的な勧告を提供する
③推奨された行動が、脅威を低減させるのに効果的と知覚させる
④メッセージの受け手が、推奨された行動を遂行できると考える

これが最大限に発揮された例として、次の演説が例示されている。

「わが国の街はどこも騒乱状態にある。大学は、反逆し暴動を起こす学生で満ち溢れている。共産主義者は、わが国を滅ぼそうとしている。ロシアは力でわれわれを脅かしている。そう、共和制は内外からの危険にさらされているのである。われわれには法と秩序が必要である！　これらなくして、わが祖国が生き残れる道はない」

これは1932年11月のライヒスターク（ドイツ議会）選挙でのアドルフ・ヒトラー

の演説だ。翌年1月30日、ヒトラーはドイツ首相に任命された。

右の4条件に当てはめてみる。

①強い恐怖
「ドイツ中が大学生や共産主義者の暴動で騒乱状態だ。ロシアは武力でドイツを威嚇している。ドイツは存亡の危機にある」と訴える。
②解決方法の提案
「ドイツを救うには法と秩序を回復しなければならない」と訴える。
③その提案が効果的
「そのためには暴力的な学生運動や共産主義者を取り締まるのが良い」
④その提案は実行可能
「それを実行してくれるナチスを支持しよう、入党しよう。ナチスを政権に就けよう」

という機運が高まる。

なるほど。さすがである。ヒトラー演説は「恐怖アピールが効果を上げるツボ」をちゃんと押さえている。

ヒトラーと比較してはたいへん失礼なのだが、日本の「防衛白書（令和5年版）」も、これでもかとばかりに恐怖アピールを使っている。

「世界は歴史の分岐点を迎えています。国際社会は戦後最大の試練の時を迎え、新たな危機の時代に突入しつつあります。

ロシアのウクライナ侵略は、国連安保理の常任理事国が、国際法を無視して主権国家を侵略し、核兵器による威嚇ともとれる言動を繰り返すという前代未聞の事態です。また、中国は、核・ミサイル戦力を含め軍事力の質・量を急速に強化するとともに、東シナ海、南シナ海において、力による一方的な現状変更やその試みを継続・強化しています。そして、北朝鮮は、立て続けにミサイル発射を繰り返すなど、核・ミサイル開発を急速に進展させています」（浜田靖一・防衛大臣の巻頭言「令和5年版防衛白書の刊行に寄せて」）

防衛省が恐怖アピールを用いるのは今に始まったことではない。さらに言えば洋の東西、政治体制を問わず、安全保障担当者とは常にこのような主張をするものだ。どこの国でも、その防衛当局の見積もる「外的脅威」は、現実より過大になる「癖」がある。

その方が予算と組織の拡大を狙えるからだ（詳しくは拙著『世界標準の戦争と平和：初心者のための国際安全保障入門』〈悠人書院〉）。

予算と組織の拡充は、官僚組織の本能のようなもので、どこの国でもたいした違いはない。要は、防衛当局の外敵の恐怖アピールは、予算と組織がほしいからなのだ。額面通りに受け取ってはならない。それは世界の情報分析者にとって常識である。

ウクライナの恐怖アピール

ウクライナのゼレンスキー大統領も「恐怖アピール」の有効性をよく知る人物だ。彼は、ロシア軍がウクライナの原子力発電所を占領するたびに、「全ヨーロッパが核テロの危機に晒されている」と「恐怖アピール」を怠らない。北部のチェルノブイリ原発しかり、南部のザポリージェ原発しかりである。

「ロシアの占領軍がチェルノブイリ原発を手中に収めようとしている。わが防衛軍は１９８６年の悲劇を繰り返してはならないと命を懸けている。これはヨーロッパ全体に対する宣戦布告である」（２０２２年2月22日のゼレンスキー大統領のXポスト）

「１９８６年には、チェルノブイリ原発で世界最大級の技術的災害が起きるのを世界は見たはずだ。もしロシアが戦争を続けるなら、チェルノブイリの悲劇は2022年にも再び起きうる」

ウクライナ南部のザポリージャ原発がロシアに占領されたときにXで流されたゼレンスキー大統領の動画はこう言っている（2022年3月4日）。

「ヨーロッパよ、目覚めよ。いまヨーロッパ最大の原発が燃えている」

「チェルノブイリ事故を知るすべてのウクライナ人、すべてのヨーロッパ人、世界すべての人に訴える。あの事故で起きた核爆発が、どれほどの悲劇と犠牲をもたらしたか。それは世界規模の大災害だった」

「私はみなさんすべての人に警告する。一つの国や個人に言うのではない。こんな事態は歴史上初めてだ。テロリスト国家が、核テロに訴えるのは、人類の歴史で初めてなのだ」

「原発に爆発物を仕掛け、世界を脅迫するなど、ロシアの行動は止めなければならない。みなさん、地元の政治家にすぐに電話しなさい。ウクライナには15の原子炉がある。もし核爆発が起きれば、欧州はもちろん、すべての人にとって終わりを意味する」（英語から烏賀陽訳）

ゼレンスキーは、チェルノブイリ原発事故をイメージさせながら、同じ惨事を招かないためには、ウクライナを支援して、ロシアとの戦いに参加してくれと強く訴えている。「参加」は必ずしも軍事的・経済的な参加だけを意味しない。「地元の政治家に電話する」だけでよい。「座視するな。行動せよ」と説いている。社会心理学では「行動修正」という。行動修正を促すのはプロパガンダの定石である。

ロシアがウクライナの原発を占拠すること自体は、他国の財産の占領なのだから、軍事侵攻と同様に不当である。しかし、それが核テロや核爆発に直結するかどうかは、見方が分かれる。せっかく占領した地域を汚染させ、軍事行動をやりにくくすることは、ロシアにとってメリットが小さい。また、「核テロ」を行うつもりならば、ウクライナの原発を使わなくても、ロシアには核弾頭や核廃棄物はじめさまざまな手段がある。実際、本稿執筆時点では原発を用いたテロは行われていない。

おそらくゼレンスキーも、「いまヨーロッパ最大の原発が燃えている」というのは少し過大な表現であることは承知していたのではないか。一方で、チェルノブイリを持ち出して、１９８６年の恐怖を喚起することの意味もよく理解していたと思われる。

私はそれを非難しない。「情報」を含め、あらゆる資源を総動員して自国を有利に導こうとするのは、戦時プロパガンダの定石であることは既述した。ウクライナ政府がプロパガンダを武器にしようと考えるのは当然の選択であり、その効力をゼレンスキーは熟知しているというにすぎない。

「被害者」の強み

◆定石16　自分は被害者であるとアピールせよ。

恐怖アピールからの派生として「われわれはPによって害を受けている被害者である」という「被害者アピール」のプロパガンダもよく使われる。

ウクライナ戦争のような例は、ロシアが一方的にウクライナの領土に軍隊を進軍させたのだから「加害・被害」の関係が明瞭であるかのように思える。

しかし2022年の軍事侵攻開始時は、ロシアは「ウクライナのネオナチ勢力に支配された政府がロシア系住民を虐殺している。それを助けにいく」＝「ロシア人は被害者である」と主張していた。裏返せば「ウクライナは加害者である」という主張である

（もちろん私はこの主張を信用していない）。

前述の通り、ナチス・ドイツが隣国ポーランドを侵略する際に、ヒトラーはポーランドからの加害を主張した。理屈はそっくり同じである。

国際安全保障の世界では「すべての戦争は自衛を理由に始まる」という格言があるほどで、歴史はそれを繰り返し証明している。

日本に住むコリアンなど外国人に、日本人にはない「特権」が授与されているという「在日特権」も「被害者アピール・プロパガンダ」の変形だと考えるとわかりやすい。

最初に断っておくが「在日特権」というものは存在しない。存在したら法の下の平等に違反する大問題である。

「（在日は）公共料金を払わなくてもよい」というセコい話から「政財界を在日が支配している」といった妄想に近い陰謀論まで「在日特権幻想」は浮かんでは消え浮かんでは消え、絶えることがない。

嫌韓・反中系の人びとの著作などからその主張をいくつか拾ってみよう。

在日朝鮮人（あるいは中国人）は

「日本に永住できる特別な資格をもらっており、罪を犯しても国外退去にならない」

「年金保険料を払わずに年金をもらえる」

「所得税・法人税・住民税などを減免される」

「国民健康保険などの医療費を免除されている」

このへんが「在日特権」の主な内容だ。繰り返すが、こうした「在日特権」は存在しない。もちろん、実際に税金をきちんと払っていない人や、健康・年金保険料を払っていない人はいるだろう。それらは日本人でも外国人でも同じである。決して制度として「特権」が存在しているわけではない。

この「在日特権」が「被害者アピール」プロパガンダとして機能するロジックは次の通りだ。

「在日外国人は、日本人が払っている税金で不当な利益を上げている。これは日本人の税金が外国人に盗まれているのと同じことだ。在日外国人はまじめに働きまじめに納税する日本人の財産に害を与える加害者である」

この論理が正しければ、「日本人は在日外国人に危害を加えられる被害者である」という主張になる。これが「被害者アピール」である。

ここにもプロパガンダの定石が使われているのはおわかりだろうか。

「われわれ＝日本人」と「彼ら＝在日外国人」を分離しグルーピングする（定石10）。彼らに「在日外国人」というレッテルを貼る。「在日」という非人間化の呼称（蔑称）で呼ぶ（定石11、12、13）。

こうして見ていくと「在日特権」は嫌韓・反中派あるいは排外主義・ゼノフォビア（外国人嫌悪）・レイシスト（人種差別者）グループのプロパガンダであることが明確になる。

「プロパガンダは真実を提示しなくていい」と定石14で述べた。

「在日特権」が実在しようとしまいと、プロパガンダをする側にとっては実はあまり大きな重要性はないのである。

「真偽はわからないが、在日特権という言葉があるのだな」

「あれだけ熱心に主張する人がいるということは、在日特権の一部は本当なのかもしれない」

何人かがそう思ってくれれば大成功なのだ。

「政府が悪事を」という恐怖アピール

なお公平を期するために付言するが「恐怖アピール」「被害者アピール」は「外国人排斥」「嫌韓・反中」といった「冷戦後右翼」（冷戦期右翼と区別するための筆者の造語）の専売特許ではない。「冷戦後左翼」俗にいうリベラル側もよく使う。

政府が何らかの法案を提案するたびに、冷戦後左翼の使うロジックには定型が出てくる。「恐怖アピール」「被害者アピール」である。

「戦争のできる国になる」「第二次世界大戦前に逆行する」「市民の自由や権利が脅かされる」「監視国家になる」等々。

ここでは「戦前・戦中の日本」が恐怖アピールの前提にある。その指し示す具体像はこうだ。

「市民は強制的に徴兵され、どこか未知の外国での地獄の戦闘に放り込まれる。戦争に反対しただけで逮捕・投獄され、場合によっては拷問で殺される。その結果待っているものは都市住民への無差別爆撃『空襲』や原爆投下であり、無辜の市民が大量に虐殺される。その多くは子ども、女性、お年寄りである（日本の社会主流派の逆像）」

そのうえで、「そんな恐ろしい時代が来ていいのか」と恐怖アピールをして、「犠牲になるのは『われわれ』である」と被害者アピールをする。

完全に可能性ゼロであるとまでは言わないが、これまでのところ、そうした懸念は当たっていない。法律が施行され、政治議題として終わると、そうした恐怖・被害者アピールの提示そのものが消えてしまう。議題が出るとまた同じパターンが繰り返される。

政治関連だけではなく、科学に関わることでも「恐怖アピール」「被害者アピール」はよく用いられる。

リベラル派の代表的雑誌として知られる「週刊金曜日」2023年1月27日号のカバーストーリーは、「知らないと危ないPFAS汚染　いま取り組まないと地球に住めなくなる！」である。PFASとは泡消火剤などに使われる有機フッ素化合物で、環境中や人体内でも分解されず、腎臓がんや前立腺がんとの関係が疑われているため、国際的な規制が進んでいる。日本では、沖縄の米軍基地で使用されていたため、周辺の土壌汚染が疑問視されている。

同誌2023年2月3日号のカバーストーリーは「南海トラフ巨大地震でリニアはどうなる？　検討されていなかった危険」である（詳細は省略）。

PFASも南海トラフ地震も大きな社会問題である。真剣な社会的議論が必要なことは言うまでもない。

私がここで注目しているのは、どちらにも「いま私たちの主張を聞いて対策を打たないと、大変なことになりますよ」と読む人の恐怖心に訴える「恐怖アピール」そのものが使われていることだ。

前者に至っては「地球に住めなくなるぞ」とまで言っているのだ。何と恐ろしい。月や火星に移住しなくてはならないのだろうか。

後者では「巨大地震でリニア列車がトンネル内に閉じ込められ」などなど、怖いシナリオが様々書かれている。が、南海トラフ巨大地震が起きれば、リニア新幹線どころか、普通の新幹線、在来線、東名・名神高速道路などすべての交通インフラが壊滅的な損害を受けることは、東日本大震災を思い出せば自明である。

つまり、南海トラフ地震が起きれば、日本の東西を結ぶ交通インフラは壊滅的な損害を受け、遮断される。経済・政治は大混乱に陥る。その時はリニア新幹線どころの話ではなくなっているだろう。

よく考えれば当たり前の話だ。それが延々と書かれているにすぎない。しかし読むと怖い。怖いので「これは何とかしたほうがいいんじゃないか」と思えてくる。

同誌のＰＦＡＳ特集では、沖縄・米軍基地周辺の土壌汚染を重点的に取り上げている。「われわれ」＝「沖縄県人」＝「日本人」を被害者として内集団化し、米軍を外集団化している。ここでも「グルーピング」「ラベリング」「恐怖アピール」「被害者アピール」などプロパガンダの定石が続々と出ている。

私はこれを不自然だとは思わないし、悪いことだとも思わない。「多数の情報受信者を自分の主張に好意的に誘導したい」つまり「説得したい」と狙うなら、効果的な方法はほぼ同じ内容に帰結せざるをえないのだ。

身も蓋もなく言ってしまえば、その主張・結論が何なのかはどうでもよい。リニア反対であれ、ＰＦＡＳ反対であれ、憲法擁護であれ、外国人排斥であれ在日特権であれ、説得の効果的なメソッドはほぼ同じなのだ。その「定石」はこの本が縷々述べている通りだ。

つまり「できるだけ多数の受信者の思考や感情、行動を自分に好意的に誘導したい」という意図のもとに情報を放つ限り、その情報は主張の内容を問わず「プロパガンダの定石」に沿わざるをえない。プロパガンダ性を帯びざるをえないのだ。

第4章　プロパガンダ3.5時代が到来した――マユッバ思考の重要性

1　スマホとSNSが生み出したプロパガンダ3.5世代

誰もがプロパガンディストになった

第1章ではプロパガンダ第3世代までの流れを見た。本章ではその続き、第3.5世代の現状を個人的な体験も踏まえて述べていく。まず現状を整理しておこう。

インターネットがマスメディアとして革命的だった最大の特徴は、アナログ時代は新聞社・テレビ局・出版社などマスコミ企業が独占していた「マスメディア」を世界の人びとに解放したことだ。言い換えると「誰でも個人で、マスが見るメディア上に発信できるようにしたこと」だ。

そのため情報通信だけではなく、マスメディアのパワーバランスや政治・経済、生活など、すべてのライフスタイルが激変した。インターネットの普及が「グーテンベルクの活版印刷の発明以来のマスメディア革命」と呼ばれる所以だ。

さらにSNSにスマホという受発信端末機器が組み合わさったことで、次のような変化が起こった。

①情報が伝播する速度が速く、範囲が広くなった。
②マスメディア使用にかかるコストが限りなく小さくなった。
③テキストだけでなく、写真・動画・音声などコンテンツの種類が増えた。
④それによって運べる情報量が飛躍的に増えた。

インターネットがもともと持っていた特性が、ターボエンジンがついたように加速した。「ビッグバン」にも似た新しい情報環境の出現である。「誰でも安価にマルチメディアかつマスメディア発信者」になったのである。

アナログ時代なら、数億円の投資をしてテレビ局が行っていた動画撮影→編集→放送の機能は、SNS・スマホ時代ならスマホ一台、十数万円で実現できる。わかりやすく言い換えると「誰でも1局テレビ局」を持っているような情報環境が出現したのだ。

自分でマスメディアを持っているなら、新聞やテレビ局など「旧来型マスメディア」に取材してもらわなくても、発信できる。個人が自分の好きなときに、好きな内容を発信すればいい。

「誰でもテレビ局」なのだから「誰でも広告や宣伝を打てる」ようになった。プロパガンダの文脈でいえば、誰でもプロパガンダができる。誰でもプロパガンディストになれる。こうしたSNSスマホ時代のプロパガンディストで特に力を持つ人達を俗に「インフルエンサー」という。

わかりやすくまとまっているので、ビジュアル・マーケティング会社「visumo」（2019年設立。井上純代表取締役社長）のHPから引用してみよう。


「インフルエンサーとは、影響や勢力、効果といった意味を持つ「influence」という英語が語源で、世間や人の思考・行動に大きな影響を与える人物のことを指します。

スポーツ選手やテレビタレント、ファッションモデル、特定の分野の専門家、インターネット上で大きな影響力を持つ一般人やブロガーなどがインフルエンサーの一例です。

特にFacebookやInstagram、Twitterといったｓｎｓなど、インターネットの消費者発信型メディア（ＣＧＭ）での情報発信によって、ユーザーに大きな影響を与える人物を指して使うことが多いです。ユーチューバー（YouTuber）やインスタグラマーなど、特定のＳＮＳのインフルエンサーを指す用語も定着し、近年は一般的に使われるようになっています」


同社はインフルエンサーの広告における重要性を次のように説明している。


「近年はスマートフォンやインターネット回線の整備、ＳＮＳの普及などにより、一般消費者はたくさんの情報を気軽に入手できるようになりました。

一方で、さまざまな情報に触れられることから、企業が発信する情報だけで商品購入を決めるのが難しくなり、同じ消費者の立場から発信される口コミを重視する傾向が強くなっています。

しかし、口コミはあくまで個人が発信するもので、情報の信ぴょう性に乏しい場合があります。消費者は、その情報や発信者が信頼できるかどうかを毎回判断しなければいけません。

ユーザーにとって、自身と趣味嗜好が一致しているインフルエンサー発の情報なら信頼感を抱きやすいため、その価値が増しています。

さらに、インフルエンサーが発信した投稿は、ＳＮＳの機能を使って拡散される可能性も高いです。フォロワーから別のユーザーへと情報が拡散されることで、情報はより多くのユーザーへ届きやすくなりました」

インフルエンサーになりませんか

ＳＮＳを使った「インフルエンサー・マーケティング」の実態を私が知ることになったのは、偶然だった。福島第一原発事故について私が「インフルエンサー」と広告代理店に勘違いされたことがきっかけだった。

「東日本大震災・原子力災害伝承館を取材して note に記事を投稿してくれれば、15万円と交通費をお支払いします」

そんなメールが私に届いたのは２０２０年6月18日のことだ。同年9月20日に、福島県双葉町に「東日本大震災・原子力災害伝承館」（以下「伝承館」）が開館する3ヶ月前である。差出人は「エイスリー」という未知の会社からだった。

私は「note」という有料課金プラットフォームを使って、福島第一原発事故被災地を現地取材した報告（「フクシマからの報告」）を書き続けている。文章だけでなく、写真や動画を貼り込むことができて、しかも記事に好きな値段を付けて売ることができる。

最初はどこかの新興出版社か、無名の編集プロダクションの依頼だと思った。「エイスリー」という社名に聞き覚えがなかったからだ。出版社や編集プロダクションなら、記者として日常的に仕事をする相手だ。

ところが驚いたことに、オファーの文面には「クライアントは福島県」とはっきり書いてあった。伝承館は国の予算53億円で建設され、運営は福島県（から指定管理者として指定を受けた法人）が行っている。その伝承館の運営当事者である福島県が、私に報酬を払うから記事を書いてほしいのだという。

伝承館の運営当事者が報酬を出して私に記事を書かせるということは、単刀直入にいえば「烏賀陽の言論を買収する」ということだ。

私は報道記者である。報道記者の鉄則の一つは「取材対象者から金銭はもちろん、一切の利益供与を受けてはならない」である。

取材対象から中立を保つという意味で「ニュートラル原則」という（拙著『フェイクニュースの見分け方』新潮新書）。取材対象から報酬をもらえば、これに違反することはいうまでもない。

「福島県があなたを買収するから記事を書いてほしいと言っています」。そんなオファーを引き受けたら、私の記者としての職業的信用は崩壊してしまう。私もずいぶんナメられたものだと思った。

報酬額は通常よりも1桁多かった。提示された額は「15万円プラス交通費など経費」だった。私の38年間の記者経験でいうと、この内容なら原稿料は多くて2～3万円である。現地までの旅費や宿泊費（1泊2日で6万円前後）は出ない。

個人のブログやSNSにカネを払って、広告とは見せずに「個人の推薦」であるかのように自社製品を宣伝させる手法は、コスメ・ビューティ産業や健康食品産業では、すでに一般化している。広告であることが見えないので"Stealth Marketing"（ステルス・マーケティング＝ステマ）と呼ばれている。「ステルス」はもともと「レーダーやソナーに検知されない」という軍事用語だ。転じて「見えない」「隠密性の」の意味で一般化した。

仮に、私がこのオファーに乗り、報酬を得て伝承館を見た記事をnoteに書いたとしよう。読む人は、私を自分の意思とお金で伝承館まで行き、中を見た「一般人」と思う。その人が書くことは一種の「口コミ」である。報酬や見返りなしに書いたものだと誤解する。その私が「伝承館は一見の価値がある」と書けば「それなら、私も行ってみよう」と思う人が多数出るだろう。

あるいは、多少事情を知る人なら、私が福島第一原発事故についての著書がある記者だと知っているだろう。その場合、一般人より背景事情に詳しい（と思われている）記者が推奨するのだから、宣伝効果はさらに大きい。

その場合、私は福島県がカネで用意した「サクラ」である。サクラをサクラと明示せずに公開したら、それはステルス・マーケティング（私はステルス・プロパガンダと呼ぶ）であり不正行為である。

私に「カネやるから、サクラになれ」と言うのだから、あまり愉快なお誘いではない。が、逆に興味を持った。調べてみると、依頼をしてきた「エイスリー」社は東京・渋谷に本社を置き「ヒーローキャスティング」を事業の名前にしていることがわかった。

「弊社は《総合キャスティング会社》でして、タレントやアスリート・文化人、インフルエンサーなどのキャスティング業務を日々行っております」

ウェブサイトには「ヒーローを使って、地域を活性化する」「ヒーロー（タレント・文化人・専門家・スポーツ選手・芸人・歌手）の活用は、『集客』という面でとても武器になります」とある。なるほど。光栄なことに、私は「ヒーロー」に選ばれたらしい。

キャスティング会社社長の話

伝承館が完成する以前も、福島県はコメや肉・魚、モモやアスパラガスといった農産品を宣伝する「ふくしまプライド。」というキャンペーンを大規模に打ってきた。これは国と福島県が進める「風評・風化対策事業」の一つである。キャラクターには旧ジャニーズ系人気グループ「ＴＯＫＩＯ」が起用されている。キャンペーンは最大手「電通」が引き受けている。広告代理店が事業を受注しなければ、こういうキャンペーンはありえない。

もともと「伝承館」は国や県が原発事故からの「復興」を宣伝する施設である。施設と展示をメディアとする「認識形成」（Perception Shaping）がその目的だ。あえて語調を強めれば「プロパガンダ施設」である。

エイスリー社に取材を申し込むと、社長（当時）の山本直樹氏が応じてくれるというので会いに行った。山本社長は１９７３年生まれ。神戸市の出身である。ベーシストを目指し上京して音大卒業後「パイオニアＬＤＣ」「ホリプロ」など音楽業界で働いた。同社を創立したのは２００８年10月。55人の従業員がいる。平均年齢27歳という若い会社である。資本金は１０００万円。２０１９年９月期の売上は14・２億円である。

――どうやって私を見つけたのですか。

代理店さんからの注文が「原発事故関連の記事を執筆できる記者さんかジャーナリストさん」で「ＳＮＳでフォロワーがいて」「自分のメディアで発信できる人」だったのです。「どうやって探そう？」と本当にGoogleで探しました。ライターさんはけっこうキャスティングしたことがあるのですが、原発事故関連というと初めてでした。

――なぜ私に白羽の矢が立ったのですか。

noteでたくさん記事を書いていらっしゃるのと、フォロワーさんがたくさんいらっしゃることです（注：私のnoteのフォロワーは４万２０００人前後）。原発の記事を書いていらっしゃる方で、それほどのフォロワーがいらっしゃる方はいません。烏賀陽さん以外にも3、4人リストアップしたのですが、代理店さんから烏賀陽さんに裏取りしてほしいという希望がありました。

――それは光栄ですね（笑）。もし私が伝承館を見て、批判的なことを書いたとしたら、掲載は許されるのでしょうか。

ご依頼した時点では、内容はそれほど詰まっていなかったのです。後ほど調整をという格好でした。齟齬をなくすのも苦労があって「こういうことは書かないでください」とクライアントさんに確認して、正式決定のときにはライターさんにお伝えするという流れでした。正式発注になっていたとしたら、代理店のほうから「こういうことは避けてほしい」という通達はあった可能性は高いと思います。

――このプロジェクトが成功していたら、エイスリーさんも報酬を得られるわけですね。

手数料というかコミッション料をいただきます。1000件の平均で20％くらいでしょうか。

さらに探して、エイスリー社に発信者探しを依頼した広告代理店を見つけることができた。「デイリー・インフォメーション」社という。同社HPには「『観光による地域活性化』を社会使命とした、観光プロモーション専門の広告代理店」とある。同社HPによると、設立は1990年1月。グループ内に662人の社員を抱える。グループ内の連結売上高は125億2300万円。

その事業内容を見ると「観光ソリューション事業」として「全国着地型観光・タウン情報フリーマガジンの企画・編集。または広告露出」「観光情報誌を中心とした雑誌やTV、ラジオによる広告及び編集タイアップの企画提案」という項目が目についた。なるほど。同社は「観光」ジャンルを得意とする広告代理店なのだ（同社の北海道・東北支社は2019年に合併して翌年に『イースト・デイリー』という社名に変更された）。

さらに遡って、同社がコンペに応募した伝承館の広報事業は2020年6月8日付HPで見つけることができた。「東日本大震災・原子力災害伝承館メディア媒体等総合情報発信委託事業」という。その「仕様書」によると、

「東日本大震災・原子力災害伝承館について、様々なメディア媒体を通じて施設概要と開館日をあまねく周知することにより、多くの方々に向けて来場を呼びかけることを目

的とする」

　仕様書の指定内容は、実に細かい。新聞・テレビ・ラジオ広告は掲載する新聞や放送局、ＣＭの長さ、放送の時間帯、回数などが指定されている。読み進めると、ＳＮＳ関係は使用媒体として「YouTube」「Facebook」「Twitter」「Instagram」と指定が並び「インプレッション数（表示回数）各媒体50万回保証」とある。

　予算はいくらか。福島県の２０２０年度当初予算を見ると「世界のモデルとなる復興・再生」と銘打って、伝承館関連だけで24億７２０３万円の予算が計上されている。開館をＰＲする広報事業費もここから、３７００万円（委託契約上限額）が支出される。

　結局、このステルス・マーケティングはイースト・デイリー社がコンペに応募せず、私が原稿を書く前に事業自体が消えてしまった。

　もし私が福島県から報酬を得て、福島県の運営する伝承館の記事をＳＮＳで書いたらどうなるのか。私が報道の原則に違反して、記者を廃業しなくてはならない行為であるのはすでに述べた。

・報道ではなく広告記事。

・しかし報酬を得ていることを隠す、できるだけ小さく表示することができる（ハッシュタグ＃ＰＲなど）。
・読者は、私が個人として自発的に自腹を切って伝承館に行き、展示をポジティブに評価したのだと理解する。

つまりこれは「当事者から利益の提供を受けながら、善意の観察者を装った偽りの記事」ということになる。これは「ステルス・マーケティング」そのままだ。

言葉を換えると「ステルス・プロパガンダ」である。受け取る人が「プロパガンダであること」を知らないまま、受け取る方が「一般個人の発信」だと信じてしまう。これはリスクを含んでいる。「騙し」「仕込み」「サクラ」と同じなのだ。

その規模が小さいのなら、まだ問題は些少と考えるのだが、実態はそうでもない。

インフルエンサー・マーケティング市場

月刊誌「販促会議」㈱宣伝会議）２０２３年11月号は「新たな消費の立役者　いま、起用したいインフルエンサー40組」というカバーストーリーを組んでいる。その予測によると、日本国内のＳＮＳマーケティング市場規模は２０２０年の５９７１億円から２０２７年には1兆８８６８億円になるという。また、そのうちインフルエンサー・マーケティング市場は、２０２０年は３３２億円で２０２７年には１３０２億円になると予測している。それだけのカネがインフルエンサーや代理店に流れる。

これを世界規模で見てみよう。

２０２４年現在、インターネットユーザー＝ＳＮＳユーザーと考えても差し支えないぐらい、ＳＮＳは全世界に普及している。全世界の人口約80億人のうち、インターネットを使っているのは54億４０００万人で、人口比でいえば地球人の67・１％がインターネットを使っている。そのうちＳＮＳを使っているのは50億４０００万人（地球人の62・６％）。つまり全地球の人口のうち、約六割を覆う巨大マスメディアがＳＮＳである。インターネットユーザーのうち93・１％がＳＮＳユーザー。インターネットユーザーはＳＮＳユーザーとほぼ同義である。

２０２４年4月現在の月間アクティブユーザー数のランキングでいえば次の通りだ（それぞれのメディアの自己申告）。10億を超える7メディアのうち４つが Facebook を旗艦とする Meta 社の所有だ。

①Facebook：30億６５００万　②YouTube：25億４００万　③Instagram：20億　④WhatsApp：20億　⑤TikTok：15億８２００万　⑥WeChat：13億４３００万　⑦Facebook Messenger：10億１０００万　⑧Telegram：９億　⑨Snapchat：８億　⑩Douyin（抖音）：７億５５００万　⑪Kuaishou（快手）：７億　⑫X（Twitter）：６億１１００万（'Digital 2024 April Global Statshot Report' We Are Social より）

これまで、こうしたＳＮＳによるプロパガンダに企業が報酬を得て関与している事実は「ある」と言われながらその実態は容易には摑めなかった。彼らは「隠密」で「一般人を装う」ことが業務なので「我が社がやりました」とは決して言わない。守秘義務契約を結んでいることも多い。具体的に「X社がYから依頼されてZというメッセージをＳＮＳで放った」という事実が確定しなかったのだ。

ところが図らずも「エイスリー」社が私を選んでくれたおかげで、その実態の一端を当事者としてリアルに体験することができた。

ブラック・プロパガンダ業者

こうした「SNSプロパガンダ業者」の存在が日本でも確定した初期の例の一つは、2019年7月の参院選広島選挙区での河井克行・案里夫妻による大規模選挙買収事件だ。

2020年10月19日東京地裁であった公判で、検察側は、夫で元法相の克行被告からパソコンの「買収リスト」の削除を依頼されたインターネット関連のコンサルタント業者の供述調書を朗読した。

この業者は、買収リスト作成のほか、以下のような隠密のSNSプロパガンダ工作に関与していたと伝えられている。中国新聞デジタルの記事（2020年10月19日付）によると、このコンサルタント業者は、知人の紹介で克行被告と知り合ったという。以下、同記事をもとにこの人物の供述のポイントをまとめる。

・克行被告の依頼で、選挙のSNS対策及び対立候補へのネガティブ情報の発信を行った。

・案里被告の選挙（参院選）に関連しても同様のことを行った。対立候補を貶めるために、架空の人物によるブログも作成した。
・これらの内容は克行被告の指示に基づいていた。

この業者社長は、他にも２０１７年の衆議院選で克行候補へのネガティブな書き込みは検索で見つかりにくくする（逆ＳＥＯ）一方、ポジティブな記事は見つかりやすく工作した（ＳＥＯ）と証言している。また対立候補のイメージが悪くなるような記事を作ったりもしていた。

ＳＥＯ（Search Engine Optimization）とは、検索エンジンからサイトに訪れる人を増やすことで、ウェブサイトを見る人を増やすネット工作のことだ。あるキーワードを検索した結果で、自分のサイトのページを上位に表示させるように、ページやサイト、さらにサイト外の要因を調整する。反対に、ユーザーに見てほしくないウェブサイトは検索エンジンに引っかからないようにするのが逆ＳＥＯである。

こうした一連の行為はネット・プロパガンダの中でも「ブラック・オペレーション」（ネット情報を細工して相手に不利または自分に有利な状況を作る非合法活動）と呼ばれる、かなり高度かつ悪質な方法である。

業者の経歴

このブラック・プロパガンダ業者は、毎日新聞が身元を特定し、2023年1月3日付紙面でその履歴を書いている（私も取材の結果、氏名や住所を特定できた）。

同記事によれば男性は大卒後すぐ自民党衆院議員の秘書になり、2009年に25歳で同党から横浜市議補選に挑んだ。「無駄遣い撲滅プロジェクトを推進します」とアピールしたが、次点で落選した。

その後ネットに活動の場を見いだした。ネット政治番組の制作にも携わる。キャスターの一人で男性と親交があった横浜市議は「高齢者比率などオープンデータを使って地域の将来を考えるサイトを作ったり、若者の投票率向上策を考えたり。選挙や政治に純粋で熱心だった」と振り返る。

一方で市議は、男性がこうした活動について「ビジネスモデルにならず、もうからない」とこぼしていたことを覚えている。ネガティブ・キャンペーンにも関心を示していたという。対立候補の政策や人柄の欠点を批判する手法で米大統領選にも用いられるが、身元を明かし、事実に基づく批判が前提とされる。「カウンター（対抗措置）として政治家はネガキャンもやっていかなければ、という見地を彼は持っていた」

ウェブやSNSを使った選挙運動が2013年に解禁されると、政治家への評価をSNSから分析する男性の手法が脚光を浴び、講演会に招かれるようになった。2015年に起業し、国会議員との本格的な取引が始まった。

どれだけの議員と接点を持っていたのか。政治資金収支報告書を基に確認した。男性の会社は2016～20年の5年間に「ネット対策コンサルティング」などの名目で、少なくとも15人の自民党国会議員や五つの同党都道府県連と契約し計2800万円の支払いを受けていた。

中堅の国会議員は男性に「書き込みは放っておいたら左に傾きますよ」と指摘された。月5万円で契約すると、ネット上の無料百科事典「ウィキペディア」の編集方法を教えられた。秘書は「失言関連で埋め尽くされていたページがきれいになり、政策や実績が先に表示されるようになった」（前掲の毎日新聞記事より）という。

Dappi事件

もう一つSNS上のプロパガンダ業者が姿を見せたことがあるのは、いわゆる「Da

ppi（ダッピ）事件」においてである。

「Dappi」というハンドルネームの匿名アカウントがX上に現れたのは2015年秋ごろだ。ネット上で自民党や、日本維新の会などへの賛同や動員をする一方、立憲民主党や日本共産党の国会議員への誹謗中傷や批判を繰り返した。匿名のまま約17万人（2021年10月）のフォロワーがついた。

プロフィール欄には「日本が大好きです。偏向報道をするマスコミは嫌いです。国会中継を見てます」とあり、確かにNHKの国会中継とほぼリアルタイムで自民党や維新の会所属議員の発言を賞賛したり、立民党や共産党を繰り返し非難していた。

2020年10月25日、森友学園問題に関連して「Dappi」は作家の門田隆将氏が産経新聞に書いた「新聞に喝！事実とは真逆の報道」を引用して次のような発信をした。

（2020年10月、学校法人「森友学園」への国有地売却を巡り、財務省の決裁文書改ざんを苦に自殺した近畿財務局職員について）「近財職員は杉尾秀哉や小西洋之が1時間吊るしあげた翌日に自殺」

小西議員は、面会の事実そのものを否定して名誉毀損訴訟を2021年10月6日に東京地裁に起こし、匿名アカウント「Dappi」の身元特定のためIPアドレス開示の手続きを取った。発信元として開示されたIPアドレスはウェブ関連企業「ワンズクエスト」のものだった。同社HPなどによると、同社は2001年設立。従業員15名、売上高約2億1000万円。主にウェブサイトの企画・制作などを手掛けてきた。

IPアドレスはパソコン一つずつに割り振られる「住所」である。「ワンズクエスト」のIPアドレスからDappi情報が発信されたということは、同社社員の誰かが同社のパソコンを使って発信したということだ。

「Dappi」の投稿が平日の午前9時から午後10時に集中していたことから「業務として親自民・反野党の書き込みを請け負っていたのではないか」と疑われた。法廷で同社は従業員が投稿していたことを認めたが「投稿は従業員の私的活動で、会社業務とは関係ない」「会社は被害者」などと主張。「同社が業務として請け負った」ことはあくまで否定した。

一審・東京地裁の判決は2023年10月16日。新谷祐子裁判長は、会社側に計220万円の賠償と、投稿の削除を命じる判決を言い渡した。

訴訟では、投稿が会社の業務だったかが争われた。投稿者を減給処分にしたと示すため給与明細を提出したが、氏名は黒塗り。黒塗りのない明細を出すよう地裁に命じられても拒んだ。

しかし投稿者の基本給が月110万円と高額だったため「会社において相応の地位にあり、又は重要な業務を担当していた」と地裁に認定されてしまった。

社員数も15人で、社長が従業員の仕事内容を把握できるとして「(投稿は社長の指示で)業務として行われた」と地裁は結論づけた。社長個人の責任も「包括的に指示し、投稿させ、あるいは自ら投稿していた」として認めた。要するに地裁判決は「ワンズクエスト社が、社長の指示の下、業務として小西議員らのフェイク情報を流した」と認めたわけだ。

日本にもフェイク情報やディスインフォメーションや誹謗中傷など「ブラック・プロパガンダ」を業務として請け負う企業が存在することを、初めて裁判所が事実認定したことになる。

この事件とは別に「ワンズクエスト」社は、自民党東京都連から計約404万円の業務を請け負っていることも明らかになっている。東京都選挙管理委員会の政治資金収支報告書によると、自民都連から同社に、２０２1年3〜8月に計5回、特設ページ制作代（約１７３万円）やテープ起こし（約１５６万円）など計約４０４万円が支払われていた。２０２０年分は同様の業務で計約78万円の支出が記載されていた（２０２2年11月24日付朝日新聞朝刊）。地裁判決とあわせて考えれば、企業として自民党からインターネットに関する業務を請け負っており、Ｄａｐｐｉ事件もその過程で起きたと見るのが自然だろう。

SNSとハラスメントは相性がいい

ここで少し基本をおさらいしておこう。ＳＮＳの特徴として次のようなものがある。

Ａ　匿名でのアカウント登録を認めている
Ｂ　一人で二つ以上の複数アカウントの登録を認めている
Ｃ　アカウント取得に、実名を持つ人間が実在することを確認しない

これは次のリスクとイコールである。

a　匿名のまま一人でいくつでも複数のアカウントを持つことができる
b　個人を集団に見せることができる
c　正体を隠したままにできる
d　人間ではなく自動化されたプログラム（Bot＝ボットなど）に言論発信を代行させることができる
e　外国語（例えば英語）を使えば、世界のどこからでも、世界の誰でも攻撃できる

このSNSの特徴が、誹謗中傷、デマ、やらせ、サクラやフェイクニュースなど不正の温床になっていることを、私は拙著『フェイクニュースの見分け方』で指摘した。真偽不明の怪情報を、発信者を隠したままマスメディアに流すことができるからだ。

前記のDappiのように、ネット上のゲーム、掲示板やSNSに悪口や誹謗中傷など否定的な書き込みをするアカウントのことを英語圏で"Troll"（トロール）という。

トロールはもともとは北欧伝承に出てくる意地悪な妖精のことだ。巨大で怪力、容姿は醜悪。粗暴で大雑把。あまり知能は高くない。

これが転じて英語では「厄介者」の意味になった。インターネット用語では「公開の場での書き込みなどによって、相手をわざと怒らせる、嫌がらせをする、傷つける、からかう人」を指すようになった。

コロンビア大学の国際公共政策大学院（SIPA）でサイバー戦争について講師を務めるカミーユ・フランソワは、2015年から3年間、アジア、中近東、南北アメリカ、欧州のトロールを収集・分類し、政府がスポンサーになったトロールが世界各地に出現していることに気づいた。フランソワの定義はこうだ。

一般のトロール：憎悪のメールとオンライン・ハラスメントで個人を故意に標的にするオンラインアカウント。

政府がスポンサーのトロール：政府に批判的な個人を恫喝し沈黙させるために、オンライン・ヘイトとオンライン・ハラスメントを利用する。

フランソワは「権力vs.反対勢力」「表現の自由vs.検閲」といった「言論の自由」をめぐるゲームはルールが書き換わった、と指摘している。

「反対勢力の人たちを苦しめたり、中傷したり、屈辱を与えたりして最後には黙らせ、彼らの信用を傷つけたりするのは権力者ではない。今ではソーシャルメディア暴徒やサイバー民兵［民間の大学や情報関連会社などに軍のサイバー部隊としての機能を持たせたもの］の役目となった。ただし政府とこうした運動との関係ははっきりしていない。政府は、自分たちはソーシャルメディア暴徒とはなんの関わりもない、彼らは表現の自由を行使している個人の集まりだと主張する」（ピーター・ポメランツェフ『嘘と拡散の世紀「われわれ」と「彼ら」の情報戦争』〈築地誠子、竹田円訳・原書房〉）

この定義は、河井夫妻事件やＤａｐｐｉ事件にそのまま当てはまる。今では日本でも「権力vs.反対勢力」「検閲vs.表現の自由」といった二項対立は過去の遺物である。言論の妨害をするのは政府や検閲機関ではない。反対勢力を苦しめ、沈黙に追い込むのは権力者ではない。ＳＮＳ暴徒やサイバー民兵である。

こうした新しい言論の妨害勢力と政府との関係は常に曖昧なままである。政府はあくまで無関係だと言い張る。

2　プロパガンダからの自衛策とは

ロシアのプロパガンダ工場

トロールは、東欧圏、特にロシアで企業が組織的に請け負っている。そして全世界にニセ情報や誹謗中傷をばらまいている。前掲書『嘘と拡散の世紀』の中で、トロール工場として紹介されているのが、ロシアのサンクトペテルブルグにある企業「インターネット・リサーチ・エージェンシー」（ＩＲＡ）である。

同社の創始者はエフゲニー・プリゴジン。やはりサンクトペテルブルグに本拠地を置き「プーチンの私兵」と呼ばれた民間軍事会社「ワグネル」の創設者の一人である（ウクライナ戦争中の２０２３年8月23日にビジネスジェット機の墜落で死亡）。

前掲書は、ロシアのテレビ記者リュドミラ・サヴチェフがＩＲＡに潜入して取材した内容を紹介している。

２０１５年1月、リュドミラは、長い付き合いの同僚記者から「母国のため」のプロジェクトに勧誘される。文章が書ける人を求めているのだという。提示されたのはテレビ局の給料の数倍という高額なものだった。

トロール工場のある4階建てのオフィスは、元ジャーナリストであふれていた。彼らの転職の動機はすぐに想像がついた。職場は縦社会で、最下層に位置しているのが「コメンター」という職種。ネットニュースのコメント欄に投稿するのが仕事だ。上司の指示に基づいて、敵対勢力を「CIAのスパイ」「売国奴」「サクラ」と非難する。

リュミドラの仕事は、「カンタドラ」という架空の占星術師・ヒーラーのブログを書くことだった。政治に関心のない中産階級の専業主婦を対象にしているのだが、星占いと恋愛話の合間に時々、時事問題を紛れ込ませるという仕掛けである。当然これらもアメリカ批判、ウクライナ批判の見解が述べられている。

IRAで働く人たちにあまり深刻な罪悪感はなかったという。それどころか、「コメンター」たちは実はアメリカで休日を過ごしたいと夢見るような人々だった。

このIRAの活動がもっとも活発化したのは、2016年のアメリカ大統領選挙（ドナルド・トランプ対ヒラリー・クリントン）だった。IRAのトロールが書いたSNS（Facebook、Twitter、Instagram など）はアメリカに深く浸透して、無数の偽アカウント、偽グループ、偽メッセージが作られた。アメリカ人の架空の人物が作られ、右翼、民族主義者、トランプ支持者、銃愛好家、アフリカ系公民権活動家を装って、ヒラリーは投票に値しない政治家であるという考えを広めた。

ＩＲＡは大統領選挙後もアメリカでの活動をやめなかった。結果、３０００万人以上のアメリカ人がＩＲＡのコンテンツをシェアしている。

２０１８年にはアメリカの特別検察官がＩＲＡの捜査に着手した。しかしアメリカへの入国禁止などの措置はなく、中間管理職が形式犯として数名告発されただけだった。ＩＲＡは閉鎖どころか、敷地が3倍に拡張された。（Philip N. Howard et al. 'The IRA, Social Media and Political Polarization in the United States, 2012-2018' University of Oxford, 2019）

西側諸国も同じ穴のムジナ

なぜＩＲＡはアメリカから処罰あるいは制裁を受けなかったのだろう。それはアメリカはじめ西側諸国も似たようなトロール作戦を大々的に展開し、いまも続行しているからだ。

例えば２０１１年の「正直な声作戦」（Operation Earnest Voice）。アメリカ軍は、２８０万ドルの予算を投入し、ネット・セキュリティ会社と契約して、偽アカウントを大量に作ってイラクやアフガニスタンなど中東のSNSに親アメリカ的な書き込みをさせていた。つまりアメリカ・西側諸国もロシアも、トロールによる偽アカウント、架空の人物のでっち上げ、ディスインフォメーション（意図的な嘘）や誹謗中傷合戦を、SNSを舞台に展開している。ブラック・オペレーションでは「どっちもどっち」なのだ。

こうしたディスインフォメーションや誹謗中傷で敵対する国を混乱や分断に陥れる作戦、「ハイブリッド・ウォー」については第3章で触れた。そもそも、この用語が西側生まれである。ロシアはむしろ欧米の真似、後追いをしているとすら言える。

こうしたトロール作戦は、政府外のネット・セキュリティ会社と契約して請け負わせるのが定石だ。SNSへの書き込みは手間と人手がかかる。そもそも、そんな人員が政府内にいない。ブラック・プロパガンダがバレても「政府とは関係がない民間企業のやったことだ」と言い逃れることができる。お気づきだろうか。前述のDappi事件はそうしたトロール作戦のセオリー通りなのである。「ワンズクエスト」社は、日本で初めて姿を現したトロール工場だといえるだろう。

マケドニアのフェイクニュース工場

ＩＲＡのような組織は、西側諸国の社会の攪乱や分断、選挙への介入など、その目的がわかりやすい分だけマシだとも言える。より厄介なのは、こうした政治的な目標を持たないディスインフォメーションが、失業や貧困を背景に発生し、世界にばらまかれていることだ。

２０１７年6月23日付「ワイアード」誌は、「世界を動かした『フェイクニュース』工場へ潜入」と題して、東欧旧ユーゴスラビアのマケドニア共和国にあるヴェレスという町を紹介している。この人口わずか5万５０００人の町から、２０１６年のアメリカ大統領選で、１００以上ものトランプ支持のフェイクニュースサイトが作られ、アメリカを含む世界に発信された。人気があった話題は「ヒラリーがまもなく起訴される」「ローマ教皇はトランプ支持者」だった。

記事の主人公はヴェレスに住むボリスという名前の18歳の青年。ラップが好きな、平凡な青年である。以下、記事の概要を紹介する。

ボリスは「今日あったおもしろい事」という日記がわりのブログを書いていた。ある日彼は「トランプ候補がノースカリフォルニアの集会で反対派にビンタを食らわせた」という記事がネット上にあることに気づき、コピペして載せておいた。話が大きくなったのは、そのリンクをFacebookに投稿してからだ。その投稿はなぜかアメリカで拡散し、800以上の政治系サイトに引用された。

するとGoogleから150ドルの広告収入がボリスに振り込まれた。マケドニアの平均月収は371ドルだ。その半分弱が転げ込んだ。良い稼ぎになるとボリスは高校を辞めて「フェイクニュース専門業者」になった。

マケドニアは欧州最貧国の一つだ。国民一人当たりのGDPは7158USドルで世界189カ国中93位。日本は3万3806ドルで32位だ。

同じ町に、健康食品のインチキサイトで大儲けしたアレクサンドルという兄弟がいた。「夜、足がつるのを防ぐにはシーツの下に石鹸を入れよう」とか「サトウダイコンからつくったシロップで赤血球の数が増える」とか、適当なフェイク記事を作って載せていた。ところが、公開すると、無数の広告が自動的についた。どういうわけか、このサイトにはFacebookのフォロワーが200万人いて、毎月のユニークアクセスは1000万人を超えた。儲けた広告料で、兄弟はBMWを買って乗り回した。

そのBMWを見て感激したボリスは、兄弟にフェイクニュースサイトで儲ける方法を教えてもらった。

ボリスは「トランプがビンタ」記事がみるみる広まるのを見て、大統領選挙に合わせてフェイクニュースサイトを運営することを思いつく。『ニューヨーク・タイムズ』のホームページにデザインを似せた"NewYorkTimesPolitics.com"というフェイクニュースサイトを作って公開した。記事は全部どこかのサイトのコピペだ。さらにボリスは「PoliticsHall.com」「USApolitics.com」を開設した。2016年8～11月の間にこの一つのトランプ支持サイトでボリスが得た収入は1万6000ドル近い。マケドニアでは、3年半の収入に相当する。

なぜこんなコピペで作ったインチキサイトでカネが儲かるのか。それは、Googleなどのネット広告が基本的に閲覧数に応じて広告収入を支払う仕組だからだ。

「それは感情にも善悪の価値観にも縛られない、さらにはイデオロギーだけでなく大統領選に関するいかなる利害関係や政治的主張とも無縁な、一大産業だった。Facebookに出没するマケドニア人たちは、トランプが当選するか落選するかなどにまったく関心がない。ただ最新のクルマや時計や携帯電話を買い、バーでもう2、3杯おかわりできるだけのポケットマネーが手に入ればそれでいい」（前掲「ワイアード」記事より）

実際の作業はこんな感じだ。

①Facebookの偽アカウントを200くらい買っておく。ロシア人の名前のアカウントは10セント。米国人の名前は50セント前後が相場。違う名前の違う人物として投稿するため。

②アメリカのオルタナティブ右翼（新興右翼）のサイトからトランプ支持の記事を探して、上記の自分のサイトにコピペする。

③記事のリンクをFacebookの「わが祖国アメリカ」「虐げられた人々」「ドナルド・J・トランプを支持する会」のようなオルタナ右翼系グループにシェアする。

これを繰り返すと、広告エンジンから報酬がどんどん入った。ボリスは新しい服、新しいパソコンを買い、遊びに大金を使った。

しかしさすがに悪質なフェイクニュースであることが発覚し、2016年11月24日にGoogleがボリスのサイトでの広告掲載をストップした。

ボリスのフェイクニュースビジネスはこれで終わりを迎えた。しかし、同種のビジネスはいまなお世界中にある。どこかが潰れても、同じかそれ以上の数、同種の工場が生れる。それが今日の常識である。

石丸伸二氏大量得票の背景は？

こうしたロシアのトロール工場・IRAやマケドニアのフェイクニュース工場を「対岸の火事」と座視してはならない。インターネットがあるかぎり、ロシアやマケドニアでできるなら、日本ででもできるからだ。

2024年7月の東京都知事選挙で、当選した現職・小池百合子知事に次いで大量の票を得たのは、広島県の安芸高田市の市長を1期弱務めた石丸伸二氏である。当選した小池知事の291万8000票に次いで、165万8000票。有力候補と見られた元立憲民主党の参議院議員・蓮舫氏の128万3000票を上回った（都選管による）。

ところが、選挙告示前の同年6月上旬から、大手求人サイト「クラウドワークス」に「石丸伸二氏の演説を写真や動画で撮影してネットに投稿する」または「動画を編集して投稿する」と「5〜10万円の謝礼を支払う」という募集が多数掲載された。

企業や個人がインターネット上で不特定多数の人に業務を依頼する業務形態を「クラウドソーシング」という。「crowd（群衆）」と「sourcing（調達）」を合わせた言葉だ。SNS時代の求人サイトと言ってよい。

この求人はXでも話題になり、その求人の投稿画像つきでクラウドワークスの求人投稿が多数流れてきた。私も選挙期間中クラウドワークス上を何度か検索してみた。が、人気があるのだろう。すぐに求人が終わって消えてしまう。確認できたのは、選挙が終わったあとに残っていた一件だけ。それも匿名での求人だった。

ここでSNSのダークサイドが顔を出す。この求人を出したのが誰なのか、匿名（ハンドルネーム）なので、わからないのだ。もし石丸氏本人の陣営なら、選挙運動に報酬を払うのは「買収」であり、公職選挙法に抵触する。しかし、本稿を執筆している2024年8月上旬現在、司法当局に摘発されたという報道はない。そもそも、クラウドワークスの求人主が誰なのかわからない。石丸氏のファンが勝手に報酬を出してそうした投稿を促していたのかもしれない。

公選法が選挙運動への報酬の支払いを禁じているのは、それを許すと、財力のある人間が当選に有利になるからだ。最後は票をめぐる歯止めのない買収合戦になってしまう。これは「財力や学歴、出自にかかわらず、誰もが平等に立候補し当選する権利を持つ」という民主主義の原則を破壊してしまう。

ところが、ここにSNSが介在すると、とたんに「誰がそれをやったのか」が匿名性の壁に消えてしまう。つまりＳＮＳが不法行為の隠れ蓑として機能してしまう。Ｄａｐｐｉ事件でも述べたとおり、真相は「わからない」ままになるのだ。

断っておくが、私は石丸氏が、違法な買収行為で大量の得票をしたのだなどとは考えていない。

①石丸氏の動画や写真を投稿すると報酬を払うという求人がネットに大量に現れた。
②YouTubeやX、Facebookに石丸氏の動画や写真が多数投稿された。
③石丸氏が現職に次いで2番めの大量得票をした。

という3点のまごうことなき事実が存在するだけだ。そのクラウドワークスの求人は、あくまで誰がやったのかわからない。

ＳＮＳの基本設計に埋め込まれた危険性

本稿の目的は「犯人探し」ではないので、これ以上は深入りしない。
読者にぜひ覚えておいてほしいのは、本書で述べてきた「人々の思考や感情、行動を自分に有利な方向へ誘導するプロパガンダのメソッド」はすでに確立しているという事実だ。それはすでに大規模に産業化され、思考・感情・行動修正を業務とする広告代理店やPR会社が無数にある。多人数の組織が、日々それを仕事として行っている。広告だけではない。その力はすでに広告には見えない報道やSNSの投稿の領域にも、支配的な力を持っている。その状態は深化することはあっても、後戻りすることはない。本書ではそれを「プロパガンダ」と呼んでいる。

コンピュータ科学者のジャロン・ラニアーは、SNS基本設計には「行動修正」がアルゴリズムに組み込まれており「人々の行動をどれぐらい変更したか」が効果の指標になっていることを指摘している。つまりSNSはもともとプロパガンダ・マシンなのだ。

ラニアーはこのシステムを「BUMMER《バマー》」（Behaviors of Users Modified, and Made into an Empire for Rent：ユーザーの行動修正を売り物にし、使用料をとって一大企業帝国を築くシステム）と名付けている。ちなみに英語でBummerとは「最低の状態」というスラングだ。壮大な諧謔である。

ラニアーによると、BUMMERは6つの可動部分から構成されるマシンだという。

A　注目を集めることに熱中させ最低の人間を世に蔓延《はびこ》らせる。
B　人々の生活を監視する。
C　コンテンツを無理やり押しつける。
D　人々を操縦し、できるかぎり不快な行動をさせる。
E　悪意ある最低最悪の誰かが人々を操るのを手助けして利益を得る。
F　偽物の暴徒ともっと偽物の社会。（『今すぐソーシャルメディアのアカウントを削除すべき10の理由』大沢章子訳・亜紀書房）

ラニアーの警告はかなりペシミスティックで、世界はすでにディストピアに突入していると論じている。

いま２０２４年の日本に生きる私たちは、ラニアーを大げさだと笑うことができるだろうか。FacebookやXを使う毎日の中で、首を傾げたくなるほど不愉快な経験が続くことはないだろうか。なぜ「世界の見知らぬ人々と友達になれる」はずのバラ色のＳＮＳに、これほど不愉快な人物や言説が充満しているか、不思議ではないだろうか。ＳＮＳを使うのが嫌にならないだろうか。

私が日々経験する範囲でいえば、ラニアーの言うA~Fの「不愉快」は、すでに現実になっている。おそらくラニアーが言うとおり、プロパガンダ・マシンがすでにアルゴリズムの世界で作動しているのだろう。つまり私たちはすでにプロパガンダ・ディストピアの真っ只中にいるのだ。

マユツバ思考

ではどうすればいいのか。

世界の50億人がSNSを使うという現実をゼロにリセットすることは不可能である。自動車が交通事故を起こす、排ガスが気候変動を招くからと言って、自動車をゼロにすることはできない。我々の高度消費的なライフスタイルが、自動車輸送の存在なしには成立しないからだ。同じように、SNSを全廃することはできない。

私が勧めるのは「SNS情報は原則として信じない」ことだ。

もしプロパガンダに色があるなら、SNSというコップで差し出される水には色が着いているはずだ。飲み干す前に、安全かどうか調べ、考えなければならない。

最悪の場合、フェイクやディスインフォメーションである可能性を考える。フェイクでなくても、思考・感情・行動の人為的な誘導が混じっていないか、疑う。プロパガンダである可能性を念頭に情報を見る。p20で触れた「疑う習慣（クエスチョニング）」を持つことだ（詳しくは拙著『フェイクニュースの見分け方』）。

難しそうに思えるかもしれない。が、ご心配なく。そういう人たちへのガイドとして、本書で「プロパガンダの定石」を列挙してきた。それを駆使してほしい。

繰り返すが、人々の思考や感情、行動を発信者に有利なように誘導することはすでに可能だ。すでに毎日実践されている。SNSは参加者全員がプロパガンダを実践する「プロパガンダの見本市」である。

日本には「相手の言うことを疑うのは失礼」という社会文化がある。だから学校も家庭も社会も「疑う習慣」を教えない。してはいけないことのように思われている。SNSプロパガンダ全盛の現代にあって、これは非常に脆弱な集団である。プロパガンダに乗せられやすいのだ。

もし「疑う」という言葉がしっくりこないなら、「眉につばをつけて情報に接する」＝「マユツバ思考」で情報を見よ、と言い換えてもいい。関西語には、そういう疑うときの発語に「ほんまかいな」という便利な表現があるのだが、どうしたわけか、関東語にはそれに該当する表現がない。

YouTubeやXに石丸伸二氏の動画や写真が大量に流れているのを見たとする。「石丸さんは本当に有権者に支持されているのだな。自分も彼に投票しよう」と考えるのも自由である。しかし、その前に「ほんまかいな」とマユツバしてみてはどうだろう。「もしかしたら、この世論そのものが、自然な人気の結果ではなく、人為的・作為的に誘導されたものかもしれない」と一瞬でいいから考えてみてほしい。たとえ結論が同じでも「疑う思考」の有る無しでは、大きな差がある。

結局、津波のように押し寄せるSNS時代のプロパガンダから我が身を守り、溺死しないためには、そうした「疑う思考」＝「マユツバ思考」＝「ほんまかいな思考」で泳ぎ切るしか方法がないのだ。

あとがき

日本の大衆は政治プロパガンダには過剰なほど神経質だが、経済プロパガンダ（広告）には極めて無防備である。

２００７年1月7日、フジテレビ系列番組『発掘！ あるある大事典Ⅱ』（関西テレビ制作）で「納豆にダイエット効果がある」という内容が放送された。視聴者が一斉に買いに走り、納豆が店頭から消えた。ところが番組中の実験データなどはねつ造だった。関西テレビは謝罪放送を流し、番組を打ち切った。

納豆など大豆関連の食品は大手食品メーカーが健康食品として売り伸ばしたい商品である。情報番組にはそうした「思惑」があるはずだ、と「プロパガンダ・リテラシー」を持って見る視聴者が多ければ、少なくとも、スーパーから納豆が消えるという珍事にまでは至らなかったのではないか。

納豆ならまだ罪がない。東日本大震災が起きるまで、日本人のほとんどは「原発事故なんか起こらない」と根拠もなく思っていた。スリーマイル島やチェルノブイリでの事故は「どこか遠いヨソの国の話」で「日本では起こり得ない」という電力産業の安全プロパガンダを「何となく」信じていた。原発事故を警告する少数者は変人扱いだった。しかし実際には「巨大地震→津波→冷却電源の破壊→過熱→メルトダウン」とあっけないほど簡単な流れで、原発は壊れた。放射性物質が日本の国民と国土の上にばら撒かれた。「なぜ、こんな単純なことに気づかなかったのか」と多くの人が後悔した。

「多数が根拠もなくそう信じてしまう」現象が、プロパガンダによる認識や思考の誘導の結果であることは、本書で述べた通りである。

「もうプロパガンダには騙されません」と誰もが言うのだが、そうはならない。いつの間にか、タワーマンションの上層階に住むのが社会的なステイタスだ、かっこいいことだと思う人が増えたのはなぜだろう。返済に一生かかる借金を負ってまでそんなことをする必要があるのか。

「ハゲ」は「薄毛」「AGA」とワーディングの変更でスティグマを薄められ、いつの間にかEDのように「治療可能」が常識となった。治療薬やクリニックの広告がマスメディア上にあふれている。が、これらは昔からある「毛生え薬」「カツラ」の新しいバージョンにすぎない。ハゲは身体の加齢現象として自然なことのはずだ。それでも容姿の変化をスティグマと感じる人は、プロパガンダに誘導されることだろう。

私たちはいつまでこんなことを繰り返さなくてはならないのだろう。

資本主義社会に生きている限り、モノやサービスを買うことは避けられない。しかし一方では「必要ないものまで買う」よう説得しようとする企業や人が同じ社会に多数存在する。プロパガンダもなくならない。これもまた、消費が極限まで高度に発達した日本社会ではゼロリセットすることは不可能である。

だから、ともう一度言う。この果てしなく続くプロパガンダの濁流に住む私たちは、自分で自分の身を守る方法を身につけねばならないのだ。多数が同じ方向に走り始めたときこそ、警戒しなくてはならない。走るのをやめ、立ち止まって疑わねばならないのだ。「ほんまかいな」と。

2024年12月　東京・月島にて

著者

●参考文献・推薦図書リスト

本書執筆にあたって参照・引用した文献のほか、バックグラウンドをより詳しく知りたい人のための文献リスト。現在市場で入手可能なものに絞った。順番や分類項目は本文章立てと必ずしも一致しない。

〈プロパガンダ全般〉

・A・プラトカニス、エリオット・アロンソン『プロパガンダ：広告・政治宣伝のからくりを見抜く』（社会行動研究会訳・誠信書房）
・アンヌ・モレリ『戦争プロパガンダ　10の法則』（永田千奈訳・草思社）
・H・I・シラー『世論操作』（斎藤文男訳・青木書店）
・烏賀陽弘道『増補新版　世界標準の戦争と平和——初心者のための国際安全保障入門』（悠人書院）
・エドワード・バーネイズ『プロパガンダ教本』（中田安彦訳・成甲書房）
・Jacques Ellul “Propaganda”（Vintage Books）
・Naomi Oreskes, Erik M. Conway “Merchants of Doubt”（Bloomsbury Publishing PLC）
・マーシャル・マクルーハン、ブルース・R・パワーズ『グローバル・ヴィレッジ　21世紀の生とメディアの転換』（浅見克彦訳・青弓社）
・マーシャル・マクルーハン『メディア論　人間の拡張の諸相』（栗原裕、河本仲聖訳・みすず書房）

〈プロパガンダと物語〉

・ロバート・J・シラー『ナラティブ経済学　経済予測の全く新しい考え方』（山形浩生訳・東洋経済新報社）
・ロバート・J・シラー『投機バブル　根拠なき熱狂　アメリカ株式市場、暴落の必然』（植草一秀監訳・沢崎冬日訳・ダイヤモンド社）
・ジョナサン・ゴットシャル『ストーリーが世界を滅ぼす―物語があなたの脳を操作する』（月谷

真紀訳・東洋経済新報社）
・Jonathan Gottschall“The Story Telling Animal ~How Stories Make Us Human”（Mariner Books）
・Ronald B. Tobias“20 Master Plots:And How to Build Them”（Writer's Digest Books）
〈**プロパガンダと宗教改革**〉
・小泉徹『宗教改革とその時代』（山川出版社）
・小田垣雅也『キリスト教の歴史』（講談社学術文庫）
・ロビン・ダンバー『宗教の起源』（小田哲訳・白揚社）
〈**大衆分析の古典**〉
・ギュスターヴ・ル・ボン『群衆心理』（櫻井成夫訳・講談社学術文庫）
・オルテガ・イ・ガセット『大衆の反逆』（佐々木孝訳・岩波文庫）
・W・リップマン『世論（上・下）』（掛川トミ子訳・岩波文庫）
・M・アルヴァックス『集合的記憶』（小関藤一郎訳・行路社）
・Wilfred Trotter“Instincts of the herd in peace and war”（Suzeteo Enterprises）
〈**ナチス・ドイツのプロパガンダ**〉
・アドルフ・ヒトラー『わが闘争（上・下）』（平野一郎、将積茂訳・角川文庫）
・広田厚司『ゲッベルスとナチ宣伝戦　一般市民を扇動する恐るべき野望』（光人社NF文庫）
〈**アメリカのプロパガンダ**〉
・前掲『プロパガンダ教本』
・小森陽一『心脳コントロール社会』（ちくま新書）
・ジェラルド・ザルトマン『心脳マーケティング～顧客の無意識を解き明かす』（藤川佳則、阿久津聡訳・ダイヤモンド社）
・ラハフ・ハーフーシュ『「オバマ」のつくり方　怪物・ソーシャルメディアが世界を変える』（杉浦茂樹、藤原朝子訳・阪急コミュニケーション

ズ）

〈**日本の新聞やマスメディアの歴史**〉

・鈴木淳『シリーズ日本の近代　新技術の社会誌』（中公文庫）

・前坂俊之『メディアコントロール　日本の戦争報道』（旬報社）

〈**明治維新とプロパガンダ**〉

・鈴木博之『シリーズ日本の近代　都市へ』（中公文庫）

〈**郵政民営化**〉

・世耕弘成『プロフェッショナル広報戦略』（ゴマブックス）

・世耕弘成『自民党改造プロジェクト650日』（新潮社）

・西田亮介『メディアと自民党』（角川新書）

・矢島尚『PR会社の時代　メディア活用のプロフェッショナル』（東洋経済新報社）

・矢島尚『好かれる方法　戦略的PRの発想』（新潮新書）

〈**二進法アルゴリズム思考**〉

・石田英敬『大人のためのメディア論講義』（ちくま新書）

〈**望月衣塑子記者**〉

・望月衣塑子『武器輸出と日本企業』（角川新書）

・臺宏士『報道圧力　官邸vs望月衣塑子』（緑風出版）

〈**ハイブリッド・ウォー**〉

・マーク・ガレオッティ『武器化する世界　ネット、フェイクニュースから金融、貿易、移民まであらゆるものが武器として使われている』（杉田真訳・原書房）

・『新訂 孫子』（金谷治訳注・岩波文庫）

〈**グルーピング**〉

・林志弦『犠牲者意識ナショナリズム』（澤田克己訳・東洋経済新報社）

・カート・ヴォネガット・ジュニア『猫のゆりかご』（伊藤典夫訳・ハヤカワ文庫SF）

〈ワーディング〉
・烏賀陽弘道『ウクライナ戦争　フェイクニュースを突破する』（ビジネス社）
〈ロシアのプロパガンダ〉
・ピーター・ポメランツェフ『プーチンのユートピア』（池田年穂訳・慶應義塾大学出版会）
・ピーター・ポメランツェフ『嘘と拡散の世紀「われわれ」と「彼ら」の情報戦争』（築地誠子、竹田円訳・原書房）
・マーク・ガレオッティ『プーチンの戦争　チェチェンからウクライナへ』（竹内規矩夫訳・ホビージャパン）
〈社会記号〉
・嶋浩一郎、松井剛『欲望する「ことば」』（集英社新書）
〈在日特権〉
・野間易通『増補版「在日特権」の虚構　ネット空間が生み出したヘイト・スピーチ』（河出書房新社）
〈行動経済学〉
・ロバート・B・チャルディーニ『影響力の武器　なぜ、人は動かされるのか』（社会行動研究会訳・誠信書房）
〈SNS時代のプロパガンダ〉
・烏賀陽弘道『フェイクニュースの見分け方』（新潮新書）
・ジャロン・ラニアー『今すぐソーシャルメディアのアカウントを削除すべき10の理由』（大沢章子訳・亜紀書房）
・前掲『「オバマ」のつくり方』
・「新たな消費の立役者　いま、起用したいインフルエンサー40組」（『販促会議』２０２３年11月号・宣伝会議）

烏賀陽弘道　1963（昭和38）年生まれ。京都大学経済学部卒業後、朝日新聞社勤務を経てフリージャーナリストに。コロンビア大学国際公共政策大学院修士課程（軍事論）修了。著書に『フェイクニュースの見分け方』など。

Ⓢ新潮新書

1079

プロパガンダの見《み》抜《ぬ》き方《かた》

著　者　烏《う》賀《が》陽《や》弘道《ひろみち》

2025年２月20日　発行
2025年３月15日　２刷

発行者　佐　藤　隆　信

発行所　株式会社 新潮社

〒162-8711　東京都新宿区矢来町71番地
編集部(03)3266-5430　読者係(03)3266-5111
https://www.shinchosha.co.jp
装幀　新潮社装幀室

印刷所　株式会社光邦
製本所　株式会社大進堂

ISBN978-4-10-611079-5　C0230

価格はカバーに表示してあります。